小さな会社がＩＴエンジニアの採用で成功する本

自社にピッタリの人材がみつかる

大和賢一郎
Kenichiro Yamato

日本実業出版社

はじめに

「詐欺でしょ?」——とある社長の言葉に、私は耳を疑いました。社長1人、社員ゼロ、業務委託のエンジニアが2人のその会社で、私は5カ月間だけ、新規サービスの開発をしました。なぜ5カ月間だったのか。それは、私が入ってから5カ月後に会社の資金が底を尽き、経営が立ち行かなくなったからです。

私が入ったのは前任の業務委託エンジニアから誘われたのがきっかけでした。しかし私が入った途端、前任のエンジニアは契約を解除されました。社長いわく「『使えない』『すぐサボる』ダメなエンジニアだった」とのこと。しかし、私はそのエンジニアと一緒に働いた経験があり、そんなに悪いエンジニアでないことは知っていました。

冒頭の発言は、このエンジニアに向けて発せられたものです。このような発言が社長の口から出てくるのは、社長の側にも問題がある、と感じざるを得ませんでした。今ではその社長、どこで何をやっているのか消息不明です。

事実、その社長は、サービス業界での店長経験はあるのもの、ＩＴ開発に関してはまったくの素人でした。エンジニアの採用にあたり、正社員は来てくれなかったので業務委託のエージェントを使ったようですが、エージェントの側は「この会社、大丈夫か」と警戒していました。それでも紹介した挙句、不安は現実になってしまったのです。「エンジニアを雇えばＩＴに関することならなんでもやってくれる」「既存のビジネスとＩＴをかけ合わせれば必ず儲かる」――残念ながら、ＩＴ開発はそんなに単純ではありません。失敗しないためには「エンジニアの種類と役割を知ること」そして「エンジニアを採用する目的を明確にすること」が必要なのです。

本書は、ＩＴエンジニアの採用にまだ慣れていない小さな会社を対象として、知っておくべき最低限の知識や観点を解説した本です。具体的には、人件費の考え方、面談での注意点やテクニック、正社員・フリーランス・外注（アウトソーシング）の使い分け方などについて、事例を踏まえてわかりやすく解説しています。ＩＴベンチャーに特化した内容ではありませんので、製造業やサービス業に携わる方でも安心してお読みいただける内容になっています。著者である私自身、現役のＩＴエンジニアとして日々、さまざまな開発案件に参画しており、エンジニアの採用にも立ち合っています。

現場でのリアルなノウハウを本書に詰め込むことができました。あなたの会社がＩＴを活用して成功するために、本書が少しでもお役に立てれば幸いです。

ＩＴエンジニア　大和賢一郎

小さな会社がITエンジニアの採用で成功する本●目次

はじめに

第1章
自社に合ったエンジニアを見つけるために

1-1 組織にとってよいエンジニアとは何か …… 12
1-2 エンジニアの年収と開発に必要な月額人件費の考え方 …… 14
1-3 使えない「自称エンジニア」と重宝する「本物のエンジニア」を見分ける方法 …… 18
1-4 エンジニアの人件費を「コスト」ではなく「投資」と考える …… 22

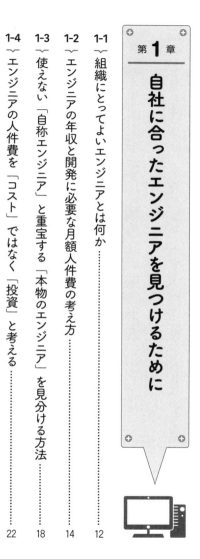

1-5 「月額30万のエンジニア3人」と「月額90万のエンジニア1人」どちらを雇うべき？……26
1-6 即戦力を求めるなら技術力を重視してコミュニケーション能力は妥協する……29
1-7 フリーランスを説得するのに必要な条件は「お金」と「スキルアップ」……32

第2章 採用以前にしておくべき、ITエンジニアに頼みたい業務の洗い出し方

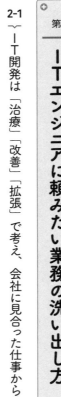

2-1 IT開発は「治療」「改善」「拡張」で考え、会社に見合った仕事から着手する……38
2-2 社内のパソコンやネットワークの整備を誰に頼むのか決めておく……41
2-3 迷ったらまずアナログな作業の自動化からはじめてみる……46
2-4 社外向けITビジネスを始める前に「会社をどこまで大きくするつもりか」を考える……50
2-5 ITエンジニアは職種によって「専門分野」と「守備範囲」が違う……55

第3章 よいエンジニアにどうアプローチするか

3-1 小さな会社が考えがちなエンジニア採用の7つの誤解 …… 64
3-2 エンジニアの採用に会社の規模は関係ない …… 69
3-3 求人広告費をかけずに優秀なエンジニアと出会う確実な方法 …… 72
3-4 経営者として「IT以外の得意分野」を明確にする …… 78
3-5 社内ルールはむしろ未整備なほうが効果的 …… 81
3-6 エンジニアに時間と場所の自由を与えつつサボりを防ぐ方法 …… 85
3-7 エンジニアに貸与するパソコンやモニタのスペックをケチらない …… 89

第4章 採用すべき人材の見抜き方

4-1 会社の成長フェーズによって「よいエンジニア」の定義は変わる……94
4-2 社内の業務効率化が目的なら実装系より管理系のエンジニアを検討する……102
4-3 エンジニアに求められるコミュニケーション能力は営業マンのものとは違う……105
4-4 エンジニアとの仕事の会話は「曖昧の排除」と「統一性」を意識する……108
4-5 エンジニアが「どんな資格を持っているか」は気にしなくていい……113
4-6 エンジニアの実務経験レベルは4段階に分けて判断する……117

第5章 面接に役立つ、採用側が知っておきたい「データベース技術力の確認方法」

5-1 即戦力がほしければ、対人関係能力よりも「技術」と「経験」を重視して見極める……122
5-2 どの程度のデータ量を扱ったことがあるかを確かめる質問……125
5-3 テーブルの正しい扱い方を理解しているかを確認する質問……127
5-4 テーブル設計のスキルを確認する質問……133
5-5 データベースを統計の観点で分析できるかを確認する質問……139
5-6 データの鮮度を意識してカラムを作れるかを確かめる質問……144

第6章 面接に役立つ、採用側が知っておきたい「サーバサイド技術力の確認方法」

6-1 即戦力を求めるならデータベースに加えて「サーバサイド」のスキルも必須……150
6-2 HTTPの基礎知識と実務経験を確認する質問……152
6-3 SQLインジェクションの危険があるソースコードを指摘できるかを確かめる質問……155

6-4 プログラミングにおける「命名のセンス」を確認する質問 …… 159
6-5 サーバOSの基本操作スキルを確かめる質問 …… 165

第7章 仕事への姿勢を見極める面接テッパン質問集

7-1 難しい専門技術をわかりやすく説明できるかを確認する質問 …… 170
7-2 優秀なエンジニアは常に新技術への興味を持っている …… 173
7-3 仕事でつまずいた時の「対応の速さ」を確かめる質問 …… 176
7-4 エンジニアに限らず読書好きは柔軟性が高い …… 179
7-5 謙虚さや前向きさなど仕事へ取り組む姿勢を確かめる質問 …… 182
7-6 過去の開発現場で成果を出してきたかを確認する質問 …… 185

第8章

「正社員」「フリーランス」「アウトソーシング」の上手な使い分け方

8-1 「正社員」「フリーランス」「アウトソーシング」それぞれの特徴と注意点 …… 188

8-2 「仕様検討」は正社員「実装」はフリーランス「テスト」はアウトソーシング …… 192

8-3 即戦力エンジニアの人件費の相場は月額80万円以上 …… 196

8-4 効率よく仕事を回したいのであれば人件費の高いエンジニアを雇う …… 199

8-5 「クラウドソーシングは安い」は誤解。条件を明確にしないとコストが膨張する …… 205

8-6 開発作業におけるクラウドソーシングの上手な使いどころ …… 210

第9章 採用後のエンジニアを正当に評価し、会社に長く居続けてもらう方法

9-1 「何が難しくて、何が簡単なのか」はエンジニア以外には判断不可能 …… 214
9-2 信頼こそが最高の評価。IT知識がないならエンジニアを信じて任せる …… 217
9-3 評価が「正確」でなくとも「納得」すればエンジニアは辞めない …… 221
9-4 社内ITシステムの投資対効果は「削減された人件費」で評価する …… 227
9-5 たとえ朝の出社が遅くても「成果を出せるエンジニア」は大切にしたほうがいい …… 230
9-6 通勤が嫌いなエンジニアには「職場に集うメリット」を感じさせる工夫を …… 233

おわりに

カバーデザイン　冨澤崇（EBranch）
本文DTP　一企画
著者エージェント　アップルシード・エージェンシー

第1章

自社に合ったエンジニアを見つけるために

1-1 組織にとってよいエンジニアとは何か

優秀なエンジニアを雇いたければ、まずは自社にとっての「優秀の定義」を決めましょう。**他社にとっての優秀は、あなたの会社にとっては優秀ではないかもしれないし、その逆もあります。**目的と状況によって最適な道具が異なるように、エンジニアも、会社が置かれているフェーズや進もうとする方向次第で、何が優秀なのかは変わります。

私はＩＴエンジニアの仕事を20年以上経験してますが、ある時「オーバースペックだから」という理由で参画を断られた企業がありました。私のようなベテランのエンジニアは、幅広い業務に対応できる分、単価も高いので、企業によっては「それほど難しい技術は要求されない仕事だから、もう少し安いエンジニアでも十分」というケースがあるのです。

しかしこのようなケースは「高レベルの技術に対応できるエンジニアはすでに雇ってい

る」ので「アシスタントが何人か欲しい」という規模の会社であり、複数のエンジニアを抱える金銭的余裕が実はあるのです。あまりお金を出せない小さな会社で、「まだ何をやるか具体的な計画が決まっていない」「何人も雇う余裕はないし、人数が増えてもそれを統率するマネジャーがいない」という状況では、1人のベテランエンジニアに仕事をすべてお願いするほうが効率は上がります。

本章では、エンジニアの採用に慣れていない小さな会社が、どのような観点でエンジニアを探して選べばよいのかを解説します。本章を読めば、金額、技能、雇用形態（正社員、フリーランス、アウトソーシング）などの観点から、あなたの会社に最適なエンジニアを見つける方法がわかります。

1-2 エンジニアの年収と開発に必要な月額人件費の考え方

エンジニアの求人サイトでは「年収300万～1000万円（スキル見合い）」といった表記をよく見かけます。つまり、持っている技術や経験によって3倍以上の差が出るのです。サイトの作成など、**IT開発にかかるお金は、ほぼすべてが「エンジニアの人件費」であり、IT化を覚悟した会社の成否はこの人件費で決まります。**まさに「人件費を制する者がIT開発を制する」のです。単に「安くすればいい」という話ではありません。300万円のエンジニアよりも、1千万円のエンジニアのほうが、10倍以上のパフォーマンスを出すことは珍しくないからです。

必要な人件費の見積もり方

では結局、エンジニアを雇うためにはいくら必要なのでしょうか。仮に1億2千万円の資金があったら、アマゾンや楽天のようなショッピングモールをゼロから作れるでしょうか。サイトの開発期間を2年と仮定すれば、1カ月に使える資金は500万円です。例として、次の表のような5名体制でのスタートを想定してみましょう。

ウェブサイト開発に必要なエンジニアの例

分類			必要な人数
デザイナー			1
エンジニア	フロントエンド	ブラウザ	1
		アプリ	1
	バックエンド	サーバサイド	1
		インフラ	1

まず、どのようなウェブサービスを作るにしても、見た目のデザインが必須です。カラーリング、ボタンの配置、文字のフォントやサイズなど、より見やすく、美しくするための構成を考えるのが、**デザイナー**の仕事です。

そして、デザイナーが考えた見た目を、パソコンやスマホで実際に表示できるようにするのが、**フロントエンドエンジニア**の仕事です。パソコンではブラウザ、スマホではアプリにて表示しますが、それぞれ開発手法や言語が微妙に異なるので、別々のスキルが要求されます。

さらに、画面から入力されたデータをサーバに保存する、ログインやログアウトができるようにする、ショッピングサイトならクレジット決済を実装するなど、画面の向こう側で動く機能を開発するエンジニアが必要です。それが**バックエンドエンジニア**であり、**サーバサイドエンジニア**と**インフラエンジニア**に分かれます。サーバサイドエンジニアはデータの処理がメインで、インフラエンジニアはサーバサイドの機能を動かすためのハードウェアの構築やＯＳの設定を担当します。

さて、１カ月に使える資金が５００万円なら、５名であれば1人あたり１００万円まで出せる計算になります。しかしこれは「スタート時」の話なので、開発が進むにつれて増員も考慮しなければなりません。

計画当初は2年でリリースできる見込みだったとしても、見積もりが甘すぎたり、予期せぬ技術的なトラブルで開発が行き詰まったりなど、想定外の問題が起きるのは避けられないからです。その時「当初の予定は延ばせない。何としてもリリースさせる」となれば、増員でカバーするしかありません。１人で３カ月かかる作業なら、「３人にして1カ月で終わらせる」という計算です。つまり、開発当初から「増員する可能性」を考慮した資金計画が必要なのです。

サービスを軌道に乗せる費用も

そして、この金額はあくまで「開発のみ」の話です。開発したサービスを「お金を稼ぐレベル」まで有名にしたければ、営業、宣伝、継続的なサービス向上の施策など、やることはさらに増えます。最初の2年で運良く開発できたとして（現実には多くのプロジェクトが予定どおりに進みませんが）、次の1年でマネタイズに成功したとしても、最初に投じた数億円を回収できるまでに何年かかるでしょうか。その間、競合サービスが登場しない保証はありません。

本業で十分な利益を上げていて、たとえ新規のITサービスの開発が赤字で終わったとしても会社は潰れない、それだけの体力があれば問題ありません。しかし、まだなんの収入源もない、起業したての小さな会社なら、投資家からの支援が必須です。経営者本人が望むか否かにかかわらず、ベンチャーキャピタルや事業会社との付き合いは欠かせなくなります。社長は資金調達に時間を取られ、社内のフォローに手が回らなくなります。採用の面接もできなくなり「人事担当者さえ見つからない」と嘆くでしょう。新規サービスの開発は「危険すぎる博打《ばくち》」に思えるかもしれません。

「そこまでリスクは負いたくない」という場合は、まずは46ページや102ページなどで紹介している、「**社内のアナログな業務をIT化する**」ことから始めましょう。

1-3 使えない「自称エンジニア」と重宝する「本物のエンジニア」を見分ける方法

小さな会社は大企業と違って、新卒を採用してゼロから教育する余裕がありません。そのため、初めてのエンジニア採用は、派遣やフリーランスを使うのが現実的です。解雇が難しくなるリスクを回避するため、いきなり正社員として雇うのは避けましょう。

ですが、エンジニアの技能はピンキリで、見分けるのは困難です。それなりの実績がある紹介業者を使うなら最低限のフィルタリングはされますが、やはり**経営者・採用担当者自身が「使えるエンジニアかどうかを見抜く視力」を鍛えていくことが大切**です。次のような観点で最低ラインを引きましょう。

①自分で手を動かせるか（指示するだけではなく実際にプログラムを書けるか）

ＩＴ企業で3年以上の実務経験があるエンジニアの場合、そのタイプは大きく2つに分かれます。1つは、プログラミング言語の種類を問わず、自分でソースコードを書き続けてきた経験がある人材。もう1つは、ITプロジェクトのマネジメント（企画や仕様検討、進捗管理、顧客との折衝など）をメインで担当していた人材です。

開発フェーズとして、前者を「**下流工程**」、後者を「**上流工程**」と呼びます。小さなIT企業における上流工程は、社長自身が担当するケースが大半なので、必要なエンジニアは必然的に下流工程、つまり「実際にプログラミングができる人」となります。

②プログラミングにおいて、アマチュアとプロの違いを理解しているか

プログラム（コンピュータに処理させる命令の手順）が書かれたテキストファイルを「**ソースコード**」といいます。**プログラミングとは、すなわち「ソースコードを書く仕事」です**。そして「ただ書くだけ」なら、初心者でもそれほど難しくはありません。コピペするだけで動くプログラムもネットにたくさん落ちています。適当に書いても運が良ければ、プロっぽく見せることは可能なのです。

しかしビジネスなら話は違います。趣味の延長でアマチュアレベルの自称プログラマと、実際に利益を上げているIT企業で鍛えられた本物のプログラマ。その違いは**「動くかどうか」ではなく「性能、可読性、メンテナンス性」に出ます**。

素人は「動けばいい」と考えます。プロは「動くのは当たり前」と考えて、そのうえで、いかに「高速に動かすか」「読みやすく書くか」「あとで変更が容易か」を追求します。プログラムは生き物であり、リリースしたあとも、常に変化し続けます。ランニングコストがかかりますから、利益を生むためには「高速で使いやすい」ことも求められます。

我流の文法で好き勝手に書かれた「汚いソースコード」は、あとから参画するエンジニアにストレスを与え、開発効率を下げます。

また、仕様変更への柔軟な対応を想定してプログラムが書かれているかも重要です。「わずかな機能追加でも、大量のソースコードを修正しなければならない」ようなプログラムでは、時間もお金もすぐに足りなくなります。その大変さを理解しているエンジニアが本物なのです。

③柔軟な仕様変更に対応できるか

誰だって、自分が作ったものを否定されるのは気分が悪いものです。エンジニアでも、プライドが高いタイプは、経営者が「ここ、変えてくれない？」と頼んでも、「いや、それは技術的に難しい」とか「今さら変更するのは不可能だ」などと拒否しがちです。しかし「変更が不可能なプログラム」など、この世には存在しません。なんだかんだ理屈をつけて言い訳をするのは「変更できない」のではなく「変更したくない」だけなのです。
エンジニア自身も、ユーザの目線で見れば「確かに今のままでは使いづらいから変更したほうがいい」ことは理解していることもあります。それでも、いざ自分がやるとなれば、面倒くささや失敗の恐怖から拒否反応を示すエンジニアがいるのです。なんでも言われた通りに対応するのがよいわけではありませんが、経営者の仕様変更要求に対してムッとしない、大人の対応ができるメンタリティがあることは重要です。

現実には、これら3つすべてを備えたエンジニアはまれであり高額になることが多いです。優先度を付けるとしたら①が必須となります。②は多少ソースコードが汚くても目をつぶる（儲かって余裕ができたらリニューアルすればいい）。③はつど、経営者の話術でなんとか切り抜ける。そのように考えて、いきなり完璧なエンジニアを高望みし過ぎない割り切りも必要です。

1-4 エンジニアの人件費を「コスト」ではなく「投資」と考える

エンジニアの人件費は「コスト」ではなく「投資」です。かけたお金をあとで回収できるなら、優秀なエンジニアに高額を払っても元は取れます。ですから「安いほうがいい」と考えるのは間違いです。それでも多くの社長は安さを追求してしまうようです。その理由は主に次の3点です。

①「具体的にいくら削減できるのか」を計算していない

社内のアナログな業務をＩＴ化するのは、既存の人件費の削減が目的です。社員が「表計算ソフトでの面倒なデータ編集作業」から解放された場合、その時間を他の業務に使えるので、無駄な人件費は減ります。しかしＩＴ化にはエンジニアの人件費がかかるので、どちらが得かを計算する必要があります。

仮に、既存社員の作業時間の10％を削減できたとします。これは、社員が10人いた場合「同じ仕事が9人でできるようになった」ということです。つまり「社員1人分の人件費が浮いた」ことになるのです。仮に、社員1人を年収500万円で雇用していたなら、「IT化によって年間500万円のコスト削減に成功した」ことになり、そのシステムを使い続ける限り、ずっとその効果は続きます。

このような「社内の業務効率化」は、エンジニアの妥当な金額を計算しやすい投資です。

②「最終的にいくら儲けたいのか」を考えていない

社内の業務効率化ではなく、ITシステム自体を販売するとか、ウェブでアクセスを集めて収益化したいといったケースでよく見られます。

このケースでは、開発費の見積もりがとても難しいです。いきなり「○億円稼ぐ」などと大風呂敷を広げても、資金力では大企業に勝てません。そのため、まずは、自社がすでに販売している商品の拡販や、すでに獲得している顧客への提案などから始めるのが一般的です。物販の場合、ネットの活用で売上が10％増えたら、年商10億円の会社であれば、1億円の売上増加です。そこに利益率を掛けた金額が「エンジニアの人件費としてITに投資しても回収できる金額」の目安です。

また、「自社がすでに獲得している顧客リストに対して、より便利なサービスを提供することで課金させる」などのビジネスモデルも考えられます。例えば、スーパーマーケットなど地域密着の小売店を展開している会社なら、ポイントカードをスマホでアプリ化することが考えられます。スマホならプッシュ通知機能が使えますので、自社商品の広告のみならず、近隣のクリーニング店や飲食店と提携して広告を出稿してもらって掲載料を得る、というマネタイズも可能となります。

③「世界中で使ってもらう」ための「広げる努力」をしていない

自社製のアプリやウェブサービスをゼロから立ち上げて収益化したい場合は、次のように考えてください。

研究開発費が数兆円かかった電気自動車が、100万円で販売されているとします。消費者が100万円で買えるのは、このメーカーが大量に生産して販売するからです。

ITシステムも同じです。開発に数億円かかったとしても、そのサービスが世界中で使われるレベルに成長すれば、エンジニアの人件費は相対的に安くなります。そうなれば月給100万円なんて小銭みたいなものです。

しかし多くの会社は、開発したITサービスを広めるのに苦労しており、先の電気自動車の開発でいえば、「自分しか乗らないオーダーメイドの自動車をゼロから開発させる」という危険な要件をエンジニアに求めます。

その挙句に、「エンジニアに支払う月給60万円を50万円に値切るにはどうするか」という不毛な交渉に神経をすり減らすのです。ですから「エンジニアの人件費が高い」と悩む前に、**「エンジニアに作らせたITシステムを世界中の人に使ってもらう営業活動の重要性」に目を向けましょう**。エンジニアへの投資のみならず、営業や広報への投資の仕方も同時に変えていく必要があります。

このように「投じたエンジニアの人件費が、何倍になって返ってくるのか」を考えれば、なぜ多くの企業が優秀なエンジニア1人に月額100万円も支払っているのか、理解できると思います。

1-5

「月額30万のエンジニア3人」と「月額90万のエンジニア1人」どちらを雇うべき？

会社が新しくエンジニアを雇おうとしても、払える人件費には限りがあります。例えば、エンジニアに払える人件費が月額90万円の場合は、次の優先度で探してください。ただしここでは、いずれも正社員ではなく、フリーランスのように「1カ月単位で契約を更新できる」ことを前提としています。

①　月額90万円の上級エンジニアを1人雇う
②　月額45万円の中級エンジニアを2人雇う
③　月額30万円の新人エンジニアを3人雇う

ITの開発に慣れていない小さな会社は、「具体的にどのような作業が発生するのか」

を事前に予測するのが難しいので、幅広く柔軟に対応できる上級エンジニアを雇うのがベストです。

上級エンジニアが見つからない場合は、中級エンジニアを2人雇って、契約更新時に「どちらかが使えなかったら退場してもらって入れ替える」という方法もあります。ただしこのような方法を使う場合は、個人的なツテをもとに探すと契約を切りづらくなるので、紹介会社やエージェントを経由しましょう。またその際、どうしても初級者しか応募してこない場合は、一旦、雇うのを見送ったほうが無難です。

新人を多数そろえるメリットはない

新人エンジニアが3人で束になったところで、1人のベテランには勝てません。医者のケースを思い浮かべればわかりやすいでしょう。レントゲン写真を見て、悪い箇所を見抜き、治療方針を決定するという流れを、十数年の経験を持つベテランの医者ならば、数時間で終わらせることができます。しかし研修医が3人いても、同じ結果は出せないでしょう。下手をすれば、病気を見誤り、間違った処置を施して症状を悪化させてしまうかもしれません。

エンジニアも、プログラムが動作しないとき、ベテランなら1日で原因が特定できるのに、新人は1週間かけても見つけられない、というケースはよくあるのです。そのため、単価が安くても作業時間が長くなるので、人件費の総額で考えれば、新人を多数そろえるメリットはありません。

ただし「すでにベテランエンジニアを確保できている」という状況で、サポート的に新人を使うのは有効です。執刀医と助手のようなものです。その場合は、新人の人選はベテランエンジニア本人にお願いしてください。

1-6

即戦力を求めるなら技術力を重視してコミュニケーション能力は妥協する

エンジニアの採用は、①技術力、②コミュニケーション能力、の順で評価してください。

両方兼ねたエンジニアがベストですが、最悪、技術力があれば、多少トゲのある話し方でも許容範囲と考えましょう。

コミュニケーション能力の最低ラインの見極め方ですが、すでに社内にエンジニアがいるなら、そのエンジニアと会話をさせて、「とてもじゃないが、こんなエンジニアとは一緒に働けない」と言うならば、採用は見送ってください。

一方で、どれほど温厚で好かれる性格でも、プログラミングの経験や実績がなければ採用してはいけません。エンジニアはコンピュータを相手にする専門技術職であり、接客業とは違うので、そもそも営業職レベルのコミュニケーション能力を求めるのが無茶なのです。

「まだ若いのに、コミュニケーション能力に長けている」というエンジニアがいたら「プログラミングではなく、マネジメントをメインでやってきたのでは？」という観点で、具体的な開発実績があるのかをヒアリングしましょう。社会人のコミュニケーション能力は、入社後の仕事で鍛えられているケースがほとんどだからです。

ひと言にＩＴ人材と言っても、その経験はさまざまです、管理職系（会議、マネジメント、取引先との交渉など）をメインで担当してきたエンジニアであれば、コミュニケーション能力はあるでしょうが、開発作業に必要なプログラミングの実務経験は身に付いていません。もちろん若くても、技術と会話、両方できる優秀なエンジニアもいますが、コミュニケーション能力しかないと、「人当たりはよいのだが、実際の開発作業になると、思うように進捗がはかどらない」という状況に陥ってしまうので、注意が必要です。

マネジャー候補の正社員を雇いたいのなら、コミュニケーション能力も重要

ただし、ここで述べたのは、フリーランスなど、「即戦力」かつ「実装メイン」のエンジニアを「1年程度の短期の前提」で雇いたい場合の話です。

そうではなく、正社員の採用で、将来のマネジャー候補ならば、コミュニケーション能力と技術力は両輪としてどちらも重視しましょう。マネジャーの仕事には、会話や調整の

スキルが求められます。自分で作るのではなく「チームのやる気を高めて、メンバーに作ってもらう」ことが増えるので「人に好かれる」という、非技術的な要素が欠かせません。

逆に言えば、**優れたチームリーダーがいれば、トゲのあるエンジニアのやる気を高めてうまく使うことができる**ので、メンバー全員が優れた人格の持ち主でなくても大丈夫なのです。

1-7 フリーランスを説得するのに必要な条件は「お金」と「スキルアップ」

特にフリーランスのエンジニアは「抽象的な精神論」を嫌う傾向にあります。「想いだけではプログラムは書けない」「実際に動く機能を実装する技術にこそ価値がある」などと考えているからです。そのため、会社のビジョン、ミッション、社会貢献性などには、さほど興味を示しません。

ですから、面談などで自社の目標をエンジニアに伝えるとき、「我が社は、子どもたちの未来を創造します」などという曖昧な表現は避けましょう。

「我が社は、近隣の学習塾を郵便番号で検索でき、『クチコミのランキングや講師のプロフィール』が閲覧できるサイトを開発します」といった、具体的な事業内容を伝えるようにしましょう。

エンジニアは、まず「そのサービスが流行りそうか、世の中に受け入れられるか」を考えます。続いて「そのサービスの開発に携わったら、どのようなスキルや経験が具体的に得られるのか」を見定めます。そして、次のような技術の詳細を詰めていきます。

- サービスを開発するサーバサイドの言語は何か（PHP、Ruby、Java、Goなど）
- フロントエンドの開発はどうするのか（PC、スマホ、ブラウザ、アプリなど）
- どのようなフレームワークを使うのか（CakePHP、Ruby on Railsなど）
- データベースは何を使うのか（MySQL、Oracle、NoSQLなど）
- サーバインフラはどうするのか（自社サーバ、AWS、VPSなど）

それらを考慮して、この案件に参画する価値があるかを決めます。金額（月額単価）については「類似の案件がいくらで募集されているか」の相場を見て、そこから大きく乖離していなければ問題なしと判断することが多いです。目安の金額を知りたければ「フリーランスエンジニア　案件」などとネットで検索して、確認しておきましょう。

面接では具体的に話す

以上の点を考慮し、フリーランスエンジニアとの面談では、次のように具体的かつエンジニアの目線で話しましょう。

NG「うちで働いていただければ、いろんな経験ができると思います」

曖昧すぎます。経験が積めるのはどの仕事でも同じ。重要なのは、得られる技術の具体的な内容です。

OK「うちで働いていただければ、インフラからサーバサイド、フロントエンドまで、幅広い対応をお願いしますので、フルスタックエンジニアとしての実績が得られると思います。AWSやCakePHPといった、ウェブ開発ではスタンダードな環境で開発しますので、他の案件でも需要が多い、汎用的なスキルを身に付けていただけます」

ちなみに「汎用的に通用するスキルが身に付く」ことで「他社に転職してしまう」つまり自社への定着率が下がる、という懸念は捨ててください。

会社の大小にかかわらず、エンジニアが1つの会社で定年まで働き続けることは非常に少ないです。エンジニアの数に対して案件数が多いこと、そしてエンジニア自身が「複数の現場を経験したほうが成長できる」と考えているからです。

特にウェブ系のエンジニアは、将来は自分のウェブサービスを作って起業したいと考えているケースが多いので、ずっと会社に居てもらう前提ではなく「３年後、５年後、どうなりたいのか」を聞いたうえで、期間限定で付き合うことが大切です。

ＩＴにかかわる仕事は進化や劣化が早いので、あなたの会社が３年後、５年後に欲しいＩＴ人材は変化しているでしょうし、現時点では予測できません。

ですから自社の都合よりも、「エンジニア自身のキャリア形成」に着目して、会社としてどのような環境が提供できるのかを考えたほうが、エンジニアにとって魅力的な職場になるので、働きたいと思ってくれるはずです。

顧客の満足に関する内容を話す場合

NG「お客様に喜んでもらえる仕事です」

当たり前。お客様を満足させなければお金は得られません。そして、提供するサービスを不満に思っているお客様もいるはずです。

OK「顧客満足度のアンケートやレビューデータが1万件、データベースに蓄積されており、87%のユーザが高評価を付けています。その反面、13%のユーザは不満を感じています。データを解析して『何が悪いのか』を調べ、サイトの改善点を見つけ、修正していく、といった作業もお願いする予定です。ですからMySQLの知識やデータ分析のスキルを高められると思います」

なお、このような細かい技術の説明をするには、採用側にもITの知識が欠かせません。社長が対応できるなら問題ないのですが、無理な場合は社内の技術者を面談に同席させるのが王道です。まだ誰もいない状況ならば「知人のエンジニアに頼んで、面談の時だけスポットで同席してもらう」とか、「スキルシートをレビューしてもらう」「面談で使う質問シートを外注する」など、できることから始めましょう。

エージェントを利用しているフリーランスエンジニアの場合、社長があらかじめエージェントに対して「エンジニアを採用して何を実現したいのか」を伝えてコンサルティングを受ける方法もあります。まずはプロに相談してみることが最初の一歩となります。

第2章

採用以前にしておくべき、ＩＴエンジニアに頼みたい業務の洗い出し方

2-1

IT開発は「治療」「改善」「拡張」で考え、会社に見合った仕事から着手する

会社として「やりたいことが決まっていない状態」でエンジニアを雇っても失敗します。先にやりたいことを決めて、それに見合ったエンジニアを探す必要があるのです。やりたいことは、次の3段階で考えましょう。

【治療】――今すぐなんとかしたい、社内で困っている面倒な作業を効率化する
【改善】――既存の商品を拡販するためなどに、少しずつサービスを良くする
【拡張】――新しいビジネスを立ち上げるなどして、もっと大きな規模で稼ごうとする

ここでは、鮮魚店のIT開発を例に考えてみましょう。

【治療】を実現するのに必要な人材

・店内のパソコンやネットワークを設定して、メンテナンスができる人材
・売上や取引先の管理を、表計算ソフトではなく便利なウェブサービスで実現できる人材
・顧客リストなどの重要なデータを、バックアップできる仕組みを作れる人材

【改善】を実現するのに必要な人材

・どの魚を仕入れるか、過去の売れ行きデータから自動で算出する仕組みを作れる人材
・納品先の飲食店ごとの売上季節変動を、スマホからグラフで見られるようにできる人材
・一般消費者向けの、お知らせ機能付きのポイントカードアプリを開発できる人材

【拡張】を実現するのに必要な人材

・楽天のようなショッピングモールに出店するためのページ制作や設定ができる人材
・店舗で販売している鮮魚を冷凍して全国に通販できる自社製ウェブサイトを作れる人材
・漁師と鮮魚店がネットでダイレクトに売買できるフリーマーケットアプリを作れる人材

ただし、ここで挙げた分類はあくまで「ざっくりと概要を分けただけ」に過ぎません。

実際はもっと細かい条件や仕様を検討しなければならないことを理解しておきましょう。

あなたの会社がどのレベルでＩＴエンジニアを探しているのか、それが決まらないと求人広告の文面も書けません。また、エンジニアの側も「この会社は、何がやりたいのかよくわからない」と感じて応募を躊躇《ちゅうちょ》します。

人材紹介会社を使う際の注意点

人材紹介会社に頼む場合も、エンジニアに求めるスキルと経験を具体的に説明しなければなりません。ただし「どのように説明すればいいのかわからない」という心配は要りません。人材紹介会社はプロですから、会社にどんな人が必要なのか、上手にヒアリングしてくれます。逆に言えば、会社の希望をうまく引き出してくれない「質問が下手な人材紹介会社」は避けたほうが無難です。

事前に求人の準備しておきたければ、他の会社が出している求人情報を参考にして、「どのような技術用語が用いられているか」を確認しておきましょう。そして、その技術用語が何を意味するのか、ざっくり概要を押さえておくと、話がスムーズに進むでしょう。

2-2

社内のパソコンやネットワークの整備を誰に頼むのか決めておく

すべての会社は、業種や規模を問わず、社内でパソコンやプリンタをネットワークに接続して作業をしています。個人事業主でさえ、もはやパソコンとインターネットがなければ仕事は成立しません。そして、社員が増えるごとに、社内では次のような作業が必須になります。

- 社員が増えたとき、その社員が使うパソコンのスペックやメーカーを選定して、必要台数と金額を見積もり、購入する。プリンタや共有ディスク（NAS）、LANケーブルなど、パソコンの周辺機器も、必要に応じて買いそろえる
- パソコンや周辺機器を開封して設置し、社内のネットワークに接続する。有線でも無線

でもつながるように設定する。社内のネットワークがまだ構築されていない場合は、Wi-Fiルーターやスイッチングハブなども購入してセットアップする

- パソコンを起動して、初期セットアップを行う。社員のアカウント（ログインＩＤやパスワード）を設定して管理する
- 社員のパソコン同士で通信できること、およびインターネットに接続できることを確認する。かつ、通信速度が業務に耐えうる十分な高速回線であることを確認する
- メールの送受信や、社内チャットでのやり取り、ブラウザでの社内ウェブアクセスおよび社外ウェブアクセスができるように設定する
- プリンタを設置して、全社員のパソコンから印刷できるように設定する。必要に応じて、印刷時のパスワード設定などセキュリティ対策を施す。スキャナを使う場合は、スキャンしたデータを社員のメールアドレスに添付ファイルで送信できるように設定する

・社内用の共有ディスク（ＮＡＳ）を接続してセットアップし、社員がファイルを読み書きできるようにする。給与データなどの機密情報は特定の社員しかアクセスできないように権限を設定する

・業務に必要なソフトウェア（表計算ソフトなど）をインストールして使えるようにする。あらかじめパソコンに入っているゲームアプリなど、業務に不要なソフトウェアを削除する

・日々の業務で発生する「起動しない、接続できない、遅い、重い」などのトラブルを解決する

一般に、このような「社内のＩＴ環境整備」を担当する部署を「**情報システム部**」、略して「**情シス**」と呼びます。社員が数百名規模の会社では、専門の部署として存在しますが、小さな会社では、情報システム部を維持するほどの人件費を捻出できません。

そのため、このような会社では、次の３つのいずれかの方法で対応することになります。

・パソコンに詳しい社員に片手間でやってもらう

営業や企画などの社員でもＩＴに詳しい人材がいるかもしれません。その社員に兼任してもらうのが一番簡単です。しかし会社の規模が大きくなると、片手間で対応できるレベルの作業量をはるかに超えてしまうので、本来の業務が手薄になり、結果として情報システムの専任者になってしまう可能性もあります。それなら別の人材を雇ったほうがいい、という考え方もあります。

・情報システム担当者を専任で雇うか、情報システム作業のみを外注する

情報システム部門の仕事は、ＩＴシステムを開発する仕事ではないため、プログラミングのスキルや経験がなくても対応できます。そのため、開発要員としてのエンジニアよりも安い単価で採用できます。もしくは、情報システム部門の仕事に特化したアウトソーシングもありますので、雇うか外注するか、自社の規模や予算に応じて決めましょう。

・情シスも開発も両方できるエンジニアを採用する

特に社員が少ないＩＴ企業の場合は、部署ではなく「情報システム担当エンジニア」が1人だけいて、かつ、普段はプログラミングを担当している開発部のエンジニアなどに兼任してもらうケースが多いです。

私が参画した、あるＩＴ企業は、社員数が25名で、開発エンジニアは８名いました。その８名の中に、開発から情シスまで、なんでもこなせる上級エンジニアが１名いたので、専門の情報システム担当者を雇わなくても、開発の片手間で対応できていました。

ただし、そのようなハイレベルなエンジニアは単価が高く、しかも多くの求人が殺到するので、採用するのはなかなか難しいといえるでしょう。

2-3 迷ったらまずアナログな作業の自動化からはじめてみる

どんなにアナログな業界でも、売上や商品のデータ管理はパソコンを使って行っているでしょう。しかし「パソコン＝ＩＴ」ではありません。パソコンは「紙と鉛筆が電子化された道具」に過ぎないのです。鉛筆を握るのは人間であり、キーボードを打つのも人間です。パソコンのデータを自分で編集している時点で、それは本質的に紙と鉛筆であり消しゴムなのです。

例えば、取引先の住所が変わるたびに、いちいち手打ちで修正するのは面倒ではありませんか？　ＩＴを使えばこのような単純作業の多くを自動化できます。会社の法人番号データベース（国税庁のホームページ＝https://www.houjin-bangou.nta.go.jp/webapi/にて誰でも無料で参照できる）を使えば、登記している企業の最新の住所や電話番号が取得できます。それを手持ちのパソコンにプログラムで取り込めば、いちいち表計算ソフトやメモ帳で編集しなくてよくなります。ＩＴシステムがあれば面倒な単純作業から解放されるのです。

企業のデータベース以外にも、無料で使える便利なサービスがあるので、ここでご紹介しましょう。

・政府統計ＡＰＩ「e-Stat」(https://www.e-stat.go.jp/api/)

総務省の公式ＡＰＩ（次ページ参照）で、無料で利用できます。国内の人口推移や男女比率、既婚率、世帯年収などを、都道府県や市区町村の単位で取得できます。さらに、人口なら、特定の地域の「年齢別の人数」も取得できるなど、非常に詳細なデータを参照できます。商圏開拓時の調査などに使えます。

・グラフ作成ＡＰＩ「Google Charts」(https://developers.google.com/chart/)

こちらは、グーグルが提供する無料のＡＰＩです。データを渡すと、円グラフや棒グラフ、折れ線グラフなどを自動的に生成して、ブラウザに表示してくれます。表計算ソフトでグラフを作って、画像としてホームページに貼り付ける、といった手法は過去のものであり、現在はこのようなＡＰＩを使ってグラフをリアルタイムで描写する方式が主流です。

APIの概要

なお、APIとは、異なるサービス（を提供するプログラム）同士でデータをやり取りするための「仕組み」および「その仕組みを使うためのルール」です。

例えば、国税庁のサーバには、全国の法人の登記情報が保存されています。そのデータを、あなたが自分のパソコンやホームページに取り込みたいと考えた場合は、「https://www.houjin-bangou.nta.go.jp/webapi/」のようなアドレスにアクセスすれば取得できます。

しかし「東京都だけの法人データ」が欲しいのに「全国の法人データ」が返ってくると、データ量が多すぎて扱いづらくなります。そこで、全国のデータが欲しい時は「https://api.houjin-bangou.nta.go.jp/全国」、東京のデータだけが欲しい時は「https://api.houjin-bangou.nta.go.jp/東京」といったようにAPIの開発者がルールを決めておくのです（※ここで記載されたURLは説明のために簡略化したものであり、正確ではありません。実際にご利用される際は、国税庁のホームページにてAPI仕様の詳細をご確認ください）。

他にも「会社の電話番号だけを取得したい」とか「所在地の市区町村まで取得したい」

など、さまざまなニーズに対応するために、細かいルールを決める必要があります。それらのルールを文書化したものを「ＡＰＩ仕様書」と呼びます。**ＡＰＩは「ＡＰＩ仕様書に基づいてデータを提供する仕組み」と考えてください。**

この仕組みがあるおかげで、「ネットバンキングが、振込先の法人名の所在地を、国税庁のＡＰＩを使って確認する」などの作業がプログラムで自動化できたりします。

ここで紹介したものの他にも、インターネットには無料で使える便利なＡＰＩが多数公開されています。エンジニアは、すべてをゼロから開発するのではなく、既存のＡＰＩを駆使して目的のシステムを完成させることが多いので、どんなＡＰＩがあるのかを日々検索して、試しに使いながら知識を蓄えています。

ですから、社長が「こんな情報が欲しい」と要望した時に、エンジニアによっては「それなら作らなくても無料のＡＰＩがあります」と回答することもあります。エンジニアの仕事は「開発すること」ですが「他の誰かが作ったものがあるなら、それを使えばいい」という考えもまた、エンジニアが共通して持っている暗黙知です。

2-4 社外向けITビジネスを始める前に「会社をどこまで大きくするつもりか」を考える

例えば、鮮魚店が海鮮食材のネット通販を始めたい場合、手法は大きく分けて3つあります。

①ショッピングモールへ出店する

代表的なのは楽天です。他にも、ヤフーショッピング、アマゾンなど、有名なショッピングモールがいくつか存在します。ネット通販を始めるにあたりこれらに出店すれば、必要な管理画面やカート決済機能などが用意されているので、自社で開発する必要がありません。

しかし運営するにあたり、CSVで商品情報を一括登録したり、HTMLやCSSを編集して商品ページの見た目をカスタマイズしたりなど、多少のIT知識は必要です。それでも高度なプログラミングの技術は不要なので、少しウェブに詳しい人材が1人いれば足りるレベルです。物販をやっている小さな会社の拡販活動としては最も簡単です。

この難易度なら、会社の規模に保ちつつ数名を増員するだけで回せるため、投資家などから新たな資金を調達する必要はありません。

②海鮮通販ネットショップを自社で運営する

ショッピングモールの仕組みにはさまざまな制約があります。なんでもかんでも自由にカスタマイズできるわけではありません。もっと「ああしたい」「こうしたい」といった細かい要望が出てくると、どうしても自社で開発せざるを得なくなります。

なお**「ショッピングモールに出店手数料を払いたくないから」という理由だけで自社運営に手を出すのは得策ではありません**。システムを自社で開発するほうが、手数料をはるかに超える人件費がかかるからです。

また、ショッピングモールの集客力は凄まじいものがあります。自社で立ち上げたショップの場合、最初は誰もアクセスしてくれませんから、広告宣伝に多大な時間とお金を投資することになります。ショッピングモールへの出店手数料と比較にならない莫大な金額です。

そのため、まずはショッピングモールへの出店で利益を確保し、徐々に自社サイトにも力を入れていく、という合わせ技を展開している小売店が多いのです。

自社通販サイトの開発にチャレンジしたければ、ネットショップ開発経験のあるエンジニアを少なくとも2～3名採用する必要があります。見栄えを良くするためにデザイナーも欠かせません。さらにアクセスを増やすためにマーケティングやSEOの施策を考える営業担当も必須です。

この難易度になると、5名、10名といった、まとまった規模の増員が求められるため、広告費を除く人件費だけでも、毎月数百万円の出費となります。投資家などのバックアップなしでは厳しいかもしれません。

③鮮魚に特化したショッピングモールをゼロから立ち上げる

洋服のネット通販ZOZOTOWN（ゾゾタウン）は皆さんご存知でしょう。それにならって、鮮魚に特化したFISHTOWN（フィッシュタウン）を立ち上げ、「全国の漁師から魚介類を買い付けて販売しよう」と考えたら、資金はいくら必要でしょうか。

エンジニアは少なくとも10名以上の体制、それを束ねるプロジェクトマネジャー、さらにデザイナーやマーケティング担当も必要です。肝心のITシステムですが、ウェブサイトの開発と、スマホアプリの開発は、プログラミング言語が違うため、それぞれエンジニアを採用しなければなりません。まれに両方とも作れるエンジニアもいますが、スキルがあっても物理的に作業量が多過ぎて両方は作れない、というのが現実です。

さらに、スマホアプリもiPhoneとAndroidでは開発環境が異なるため、それぞれ専任のエンジニアを割り当てないと回せません。リリースには審査もあり大変ですが、リリース後も定期的なアップデートやバグ修正、利用者にインストールしてもらうための宣伝など、やることは無尽蔵に増え続けます。

ウェブサイトとアプリだけを作れば終わりではありません。商品の在庫、顧客、仕入先などを参照および登録、編集するための管理画面も必要です。加えて、物流業者や冷凍倉庫とのデータ連動、毎日の商品登録や更新、クレームや返品の対応、それらをさばくオペレータの増員、業務マニュアルの整備や教育などなど、恐ろしいほどに仕事量が膨れ上がるのです。

このレベルに挑戦したいなら、数億円や数十億円の規模で投資家を巻き込む必要があります。当然、上場せざるを得なくなり、社会的責任と重圧がのしかかります。

以上のように一口に「ネット通販」といっても、その規模は船でたとえればゴムボートから空母までピンキリです。小さな会社の経営者なら、「今まで小規模で楽しくやってきたのに、気づいたら投資会社やベンチャーキャピタルを巻き込んで上場せざるを得なくなった。こんな状況は本当は望んでいなかった」というような悲しい結末になるかもしれません。

「自分ひとりの手に負えないぐらい会社が大きくなってもいい」という覚悟がなければ、あえて規模を大きくし過ぎない戦略もまた、正しい決断です。

2-5

ITエンジニアは職種によって「専門分野」と「守備範囲」が違う

会社として「やりたいこと」が決まったら、具体的にどのようなエンジニアを雇えばよいのでしょうか。ここでは、エンジニアを料理人や音楽家、医者にたとえて説明します。

会社が「料理人を探している」というだけでは、具体的にどんな料理を作ってほしいのか不明です。和食、洋食、中華、イタリアンなど、専門分野によって技能は異なります。幅広くなんでも作ってほしいなら、ファミレスの調理主任が適任かもしれません。

音楽家も同じです。ボーカル、ドラム、ベース、ギター、作詞、作曲、それぞれの専門家がいますが、全部を一通りできる人もいます。また、ジャンルもロックとクラシックでは必要なテクニックが違います。アイドル系ならルックスやダンス能力も求められます。

医者においても、眼科医と産婦人科医では仕事内容が全く異なります。

このように、どのような業界でも、専門家を探すためには「具体的にどんな専門分野があり、どう違うのか」を理解しておかなければなりません。

とは言っても、エンジニアの専門分野を普通の人が区別して理解するのは難しいでしょう。その場合は、自動車の「外観」「動力」「道路」をイメージするとわかりやすいです。

売れる自動車を作りたければ、見た目を格好良くすることは重要です。しかし加速や燃費も大切ですし、何より安全に走行できなければ意味がありません。さらに、自動車が走るためには、道路、信号機、駐車場、白バイといったインフラの整備も必要です。

ITエンジニアでいうと、外観を取り扱うのが「**フロントエンドエンジニア**」で、動力は「**サーバサイドエンジニア**」、道路は「**インフラエンジニア**」です。それぞれ求められる専門分野が異なります。また、すべての作業を一通りこなせる人は、「**フルスタックエンジニア**」といわれます。

詳細は次の表の通りです。楽天やアマゾンのようなウェブサービスを開発する案件を想像してみてください。

ITエンジニアの職種

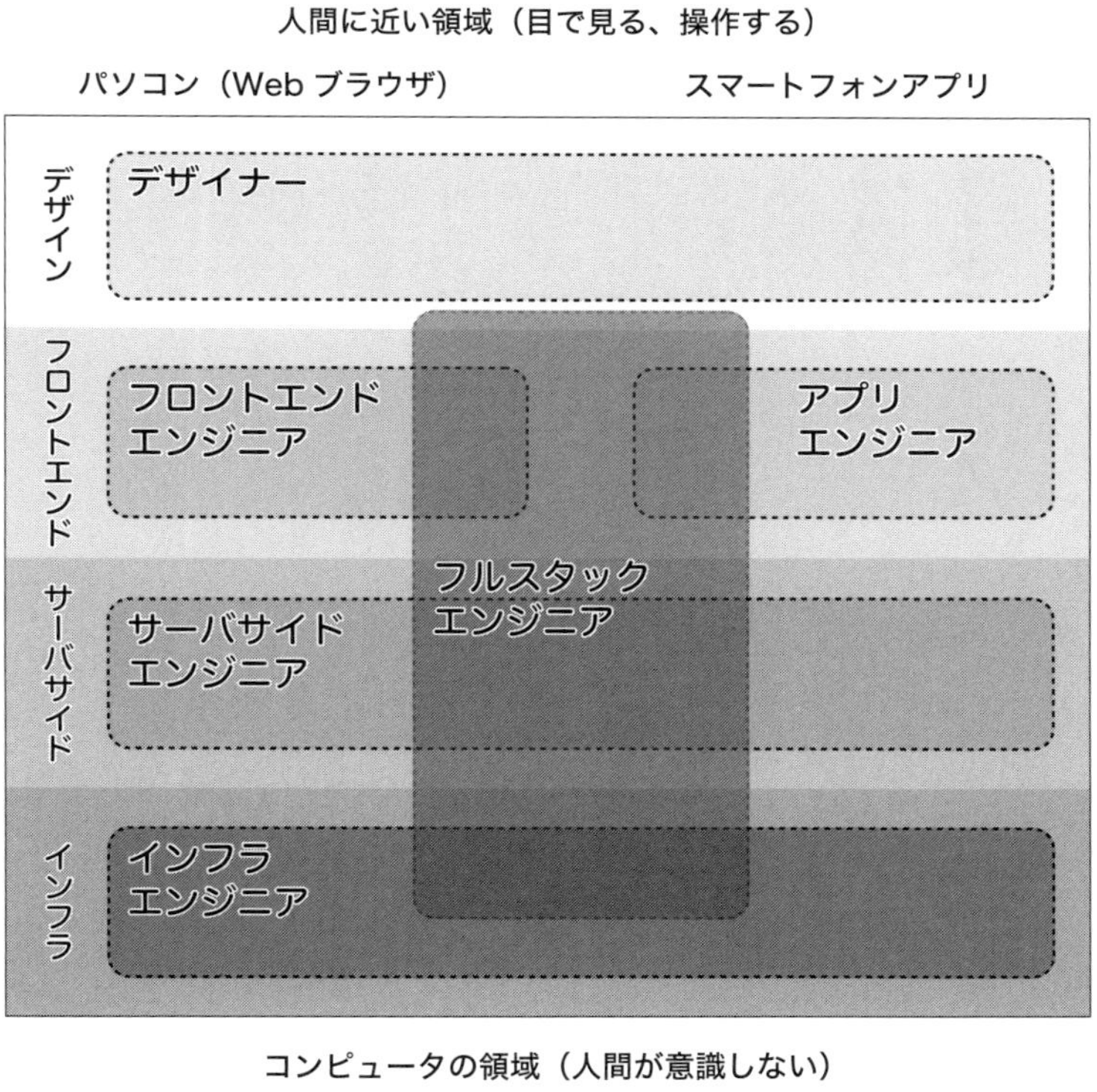
人間に近い領域（目で見る、操作する）
パソコン（Webブラウザ）
スマートフォンアプリ
デザイン
デザイナー
フロントエンド
フロントエンド
エンジニア
アプリ
エンジニア
フルスタック
エンジニア
サーバサイド
サーバサイド
エンジニア
インフラ
インフラ
エンジニア
コンピュータの領域（人間が意識しない）

①フロントエンドエンジニア

ウェブサービスの利用者が画面で「商品を探す」「写真を見る」「購入ボタンを押す」などの操作をするためのユーザーインタフェースを開発します。デザイナーが仕上げたレイアウトやカラーリングをブラウザで忠実に表現するために、HTMLやCSSを書きます。例えば、ウェブサービスの申込みフォームにデタラメなメールアドレスを入れると、「正しいメールアドレスを入力してください」などのメッセージが出ますが、あのような機能を作るのもフロントエンドエンジニアの仕事です。

担当範囲　ページのレイアウト、写真の動き、ボタン、フォーム、グラフ

技術領域　HTML、CSS、JavaScript、jQuery、React.js、AngularJS、Vue.js、Ajax、JSON

自動車でたとえると　外観、内装、居住性、カラーリング、ハンドル、ダッシュボード

②サーバサイドエンジニア

ウェブサービスの画面では見えない「裏で動いているプログラム」を作ります。例えば、

職種ごとに求められる知識

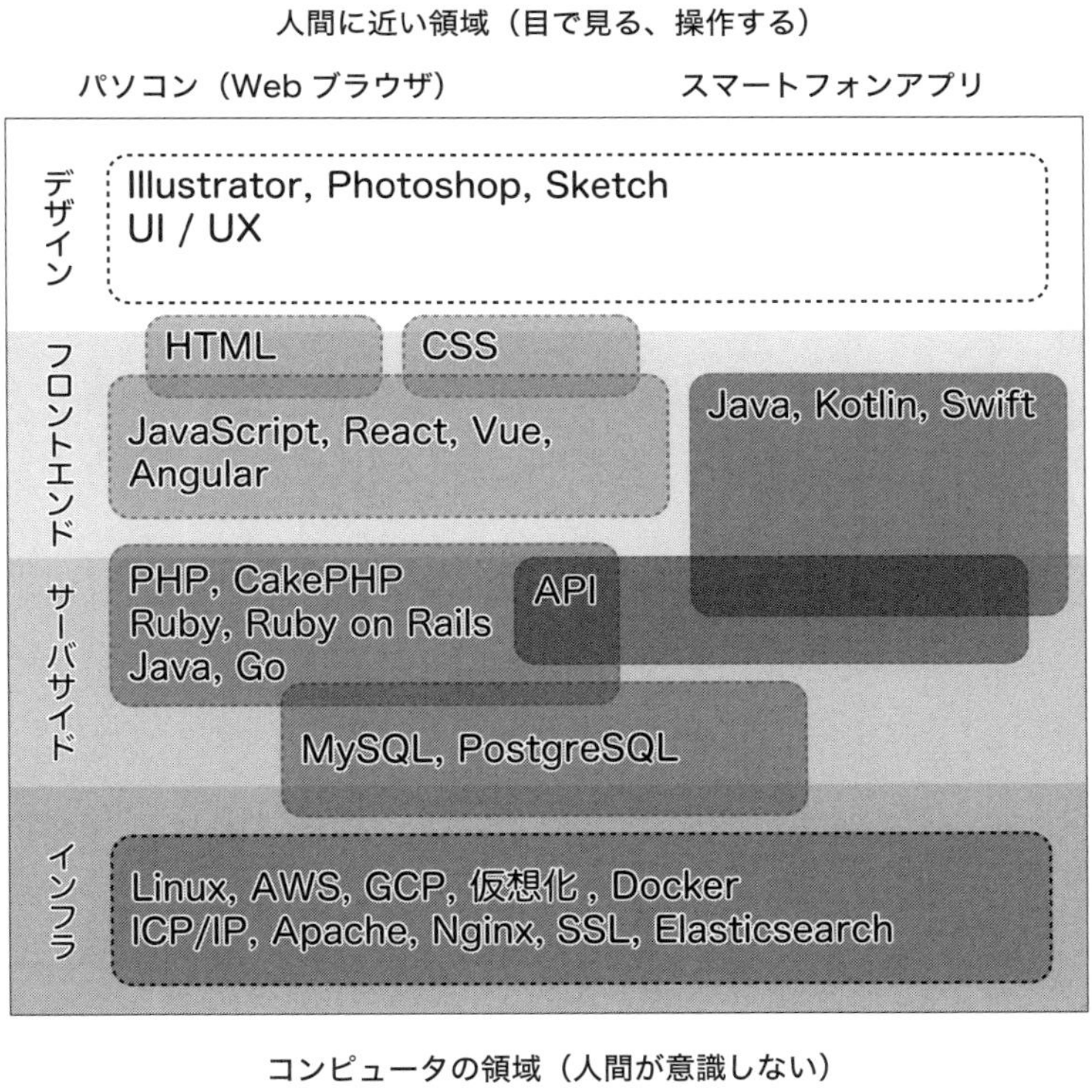

アマゾンや楽天などで商品名を検索すると、その商品の写真や詳細情報が表示されますが、それは裏でプログラムが動作して、データベースにある大量の商品情報から必要なデータだけを抜き出しているからです。

このような検索系の処理はサーバサイドエンジニアの仕事です。他にも「購入する」ボタンを押した時に、クレジットカード会社のシステムと通信して決済する機能や「お申し込みありがとうございました」といったメールを飛ばす機能の開発もします。

担当範囲　検索、会員登録、ログイン、ログアウト、メール送受信、決済

技術領域　API、PHP、Ruby、Java、Go、MySQL、Elasticsearch、Apache、Nginx

自動車でたとえると　エンジン、サスペンション、燃料タンク、トランスミッション

③インフラエンジニア

インフラはウェブサービスの稼働を支える土台です。スマホやパソコンが物理的に壊れたらすべてのアプリケーションが使えなくなるのと同じで、インフラが故障したらウェブサービスは止まってしまい、最悪の場合はデータが消失します。

インフラエンジニアは、ウェブサービスが24時間３６５日、安定して稼働し続けるため

の、あらゆる作業を担当します。大規模な広告を出す時などは「アクセスが殺到して負荷に耐えきれずサーバが落ちる」などの障害に備えます。ハッカーからの攻撃を防いで顧客データの漏洩を防ぐのも仕事です。

担当範囲　サーバ構築、ネットワーク設定、性能、障害対応、セキュリティ

技術領域　Linux、AWS、Vagrant、Docker、Load Balance、Jenkins、Firewall

自動車でたとえると　道路、橋、踏切、駐車場、信号機、標識、白バイ

ウェブサービスの規模を明確にする

重要なのは**「これらの仕事がすべて連携してウェブサービスが稼働している」**ということです。どれか1つでも欠けたらウェブサービスは機能しません。そして、すべての領域を1人でカバーできるエンジニアは希少であり高額です。しかも、どんなに優秀なエンジニアでも、1人で楽天やアマゾンのようなウェブサービスを作るのは物理的に無理です。

自社に最適なエンジニアを探す際、エンジニアの専門分野を把握することは必須ですが、それに加えて「どれくらいの規模のウェブサービスを立ち上げたいのか」も明確にしておきましょう。

エンジニアにかかる人件費の例

ウェブサービスの規模	人員	人件費（月額）	チーム構成の例
楽天やアマゾンのようなウェブサービス	50人〜	4,000万円〜	ディレクター：２人 マネジャー：３人 デザイナー：5人 フロントエンド：15人 サーバサイド：20人 インフラ：5人
自社独自の販売サイト	5人〜	400万円〜	デザイナー：１人 フロントエンド：１人 サーバサイド：２人 インフラ：１人
楽天やアマゾンへの出店ページ	１人〜	80万円〜	デザイナー兼エンジニア：１人

（人件費は１人80万円で計算しています）

大工仕事にたとえると、自宅だけで使う犬小屋なら片手間で作れるかもしれません。テナントが入れる商業ビルなら百人とか千人規模の専門の土木作業員が必要です。「そこまで大規模な話ではなく、社内のアナログな業務をＩＴで効率化したいだけ」ならば、倉庫ぐらいの難易度なので、１人か２人いれば足りるでしょう。

第3章

よいエンジニアにどうアプローチするか

3-1

小さな会社が考えがちなエンジニア採用の7つの誤解

「エンジニア採用の鉄則」として、一般的に次のようなことが言われています。それぞれの質問に、Ｙｅｓ／Ｎｏで答えてみてください。

①自社のホームページをきれいに作らなければエンジニアから見向きもされない
②優秀な人材は有名な大手企業に取られるから、無名な中小企業には回ってこない
③複数の求人サイトに多額の広告費を投下しなければエンジニアが応募してこない
④社長がＩＴ技術に詳しくなければエンジニアは集まらない
⑤社内規則や福利厚生などの制度を整えなければエンジニアは集まらない
⑥自宅に持ち帰らせてまでエンジニアに仕事をさせる会社はブラック企業だ
⑦仕事が遅いのをパソコンのスペックのせいにするのは無能なエンジニアだ

答えはすべてNoです。それぞれ、なぜダメなのか、見ていきましょう。

①自社のホームページをきれいに作らなければエンジニアから見向きもされない

エンジニアの集め方として最初に思いつくのが「自社のホームページを作って募集要項を載せること」でしょう。しかし残念ながら、そう簡単にエンジニアが集まるなら誰も苦労しません。**自社のホームページ作成に時間をかけるより、直接会って話す時間を確保するようにしましょう。**

そもそも「会社のホームページに採用情報を掲載すれば、エンジニアが見てくれる」というのは間違いです。会社のホームページを見てもらうためには、会社名で検索してたどり着いてもらう必要があります。しかし、エンジニアが会社を検索する以前に、その会社の存在を知らなければ、探しようがありません。ですから、有名な大企業ならともかく、**無名で小さな会社のホームページは、エンジニアとの「出会いのきっかけ」には成り得ないのです。**

それ以前に「セミナーで社長と名刺交換をした」とか「過去に仕事をしたことがあるエンジニアから紹介された」などのアナログな出会いがあり、そこで興味を持ってもらって、初めてホームページへのアクセスがなされるのです。

つまり「ホームページでの告知は無駄」ではないのですが、「ホームページでの告知だけで応募者が集まる」わけでもないのです。「社長や人事担当者が、候補者と直接会って話をする」などの地道な活動が欠かせません。

②優秀な人材は有名な大手企業に取られるから、無名な中小企業には回ってこない

「優秀なエンジニアは有名な大手企業に行きたがる」というのは誤解です。**経験豊富なエンジニアほど、あえて大企業を避けたがる傾向があります**。学生なら新卒採用で大手に憧れる可能性はあります。しかし即戦力となる経験者ならば、「大手はルールが厳しくて自由な開発が難しい」という傾向を知っているので、逆に大手を避けるケースもあります。分厚い中間管理層に阻まれない「社長直属でスピード感のある開発」を担当したいから、あえて中小企業やベンチャーに入りたいと考える人材もいるのです。

③複数の求人サイトに多額の広告費を投下しなければエンジニアが応募してこない

求人広告への過度な投資は、巨額を使える大企業と戦っても勝てないので、小さな会社が取るべき戦略ではありません。特に、**不特定多数への定型メッセージはエンジニアから**

スルーされがちです。エンジニアの側も、広告はきっかけに過ぎず「不特定多数に送っているメッセージだから、自分にマッチしている可能性は低い」という冷めた見方をします。逆に「SNS経由で社長からダイレクトにメッセージが来た」などは、「自分のことを調べたうえでオファーをくれた」と思うので、無名な会社だとしても会ってみたくなるものです。

④社長がIT技術に詳しくなければエンジニアは集まらない

社長がIT技術に詳しくなくても、エンジニアの採用が不利になることはありません。エンジニアの側もそのような事情を知れば、「会社として技術力がほしいからエンジニアを採用するのであり、社長は自社の弱みを認識している」と解釈します。

大切なのは「社長の強み」を伝えることです。営業力、資金調達力、会計スキルなど「エンジニアが持っていない強み」があればいいのです。

⑤社内規則や福利厚生などの制度を整えなければエンジニアは集まらない

社内規則や福利厚生の整備は、会社の収益が安定してからでも遅くはありません。そのような待遇面を重視するエンジニアは、そもそも小さな会社には来ないからです。特にフリーランスのエンジニアはその傾向が強いです。残業が多くてもいい、休日も家で仕事する、そんな気概のあるエンジニアにとって、福利厚生はオマケみたいなものです。

⑥自宅に持ち帰らせてまでエンジニアに仕事をさせる会社はブラック企業だ

エンジニアが最高のパフォーマンスを発揮するために必要なのは「規制の緩和」です。例えば、セキュリティなどの社内事情もあるかもしれませんが、「休日に家で仕事をしてはいけません」と一律に禁止するのは、エンジニアの自由を奪うものです。モバイル環境が普及した今、どこでパソコンを開いても、仕事の環境は瞬時に立ち上がります。家でも、カフェでも、本人が最も効率的に作業できる空間、それが最良の職場なのです。

⑦仕事が遅いのをパソコンのスペックのせいにするのは無能なエンジニアだ

福利厚生の充実度を気にしないエンジニアでも、開発に使うパソコンやモニタなどの充実度は非常に気にします。小さな会社ほど「エンジニアが気持ちよく仕事を進められる環境の整備」には気を使いましょう。**「会社のパソコンが遅い」という理由で辞めるエンジニアもいるのです。**安物のパソコンが不満でエンジニアが辞めてしまったら、パソコンの代金よりも、別のエンジニアを採用するコストのほうが大きな負担です。

3-2 エンジニアの採用に会社の規模は関係ない

昨今、会社の規模を問わず、エンジニアの争奪戦が繰り広げられています。エンジニアが集まらないのは、会社が「大手じゃないから」「無名だから」という理由だけではありません。社長1人で立ち上げたばかりのベンチャーでも、社員50名前後の中小企業でも、数百人の大企業でも、エンジニアの採用と離職は常に課題であり、資金のみならず、多くの時間と労力が費やされているのです。

これほどまでにエンジニアの採用を難しくしている理由は主に3つあります。

①そもそも、エンジニアの不足は慢性的に続いている

大手転職サイトが公表している「業種別の転職求人倍率」では、エンジニアが常に高い位置をキープしています。私自身、ＩＴ業界に入ったのは1998年ですが、当時から叫

ばれていたエンジニア不足の状況は、20年以上経った今になってもそれほど変わっていません。むしろ、インターネットやスマートフォンの普及で、ウェブ、アプリ系のエンジニアは、当時よりもさらなる売り手市場になっています。

物販やサービス業でさえ、インターネットやスマートフォンを無視したビジネス展開は考えられない時代です。それらを開発するニーズが限りなく湧いてくるのは仕方がないことでもあります。

②大手で働くエンジニアのすべてが満足しているわけではない

「資金力のある大手なら簡単にエンジニアを集められる」というのは誤解です。なぜなら、エンジニア側の意識が「大手志向」から「ベンチャー志向」に流れつつあるからです。

私も、かつて大企業で正社員のエンジニアとして働いていましたが、大きすぎる組織の雰囲気に嫌気がさし、辞めてフリーランスになりました。今では多くても社員が100人以下のベンチャーを選んで参画しています。

似たような話は周りのフリーランス仲間からもよく聞きますし、学生からも「大手よりベンチャーを選んだほうが成長できそう」という意見を耳にするようになりました。この流れは、大手企業であれば逆風かもしれませんが、小さな会社にとっては追い風といえるでしょう。

③未経験の新卒を採用しても戦力化までに最低3年はかかる

「エンジニアになりたい」という学生が、「エンジニアとして即戦力になれる」わけではありません。先輩の指導やフォローがなくても単独で開発できるレベルになるまでに、少なくとも3年、一般には5年以上かかります。当然のことながら、「優秀な指導者の下に付くことができれば」の話です。

新人に育成コストがかかるのは技術職に限った話ではありませんが、エンジニアは特にそれが顕著です。そして、戦力化したら、本人は自分のスキルが引く手あまたであることに気づきます。他社が好条件で転職のオファーを投げてきたら、なびくのは自然といえるでしょう。採用しても育てるのが大変で、育てても辞めてしまうリスクがある。だから採用に慎重になり、決断が難しくなるのです。

3-3

求人広告費をかけずに優秀なエンジニアと出会う確実な方法

求人広告を一切出さずに、優秀なエンジニアと確実に出会う方法があります。それは「簡単な仕事をダイレクトに発注すること」です。優秀なエンジニアの多くは、スキルが高いので「現在の会社の仕事をそれほど大変だと感じていない」つまり「余裕がある」ものです。よって、勤務先が副業を許可しているならば、他の会社から追加の仕事を受けたいと考えている人もたくさんいます。

「うちの会社に転職しませんか」というオファーなら重大決定ですから迷いますし、返事も躊躇《ちゅうちょ》するでしょう。しかし、「暇なときにうちの会社の簡単な開発作業を手伝ってくれませんか？　時給3千円でいかがでしょうか」という具体的な依頼ならば、「とりあえずやってみようかな」と思うものです。

会社とエンジニアの信頼関係は「一緒に仕事をすること」で構築されます。**面接で10の**

質問をするよりも、10時間の作業を依頼したほうが、スキルと相性を確実に見極められるのです。オファーのポイントは次の2つです。

①面接のオファーではなく「仕事のオファー」であること

多くのエンジニアは、「面接」と聞くと「まだ転職は考えてない」とか「今の仕事が落ち着くまでは辞められない」といった考えが頭をよぎって躊躇します。たとえ知人からの紹介であっても、「知人であるがゆえに、面接したあとで断るのは申し訳ない」と遠慮して、会うこと自体を拒みます。

仮に「多少なりとも転職を検討している状況」だったとしても、「転職先を探すサイトはいくらでもあるし、条件や待遇を比較してから決めたい」と考えますから、やはり面会に至ることは多くありません。

そこで、**「面接を依頼する」のではなく「仕事を依頼する」というアプローチが効果的なのです**。すでに他の企業で平日にフルタイムで働いているエンジニアでも、定時後（19時以降など）や土日は時間が空いていたりします。優秀なエンジニアの多くは「開発が大好きな人種」ですから、家でも休日でも四六時中、プログラミングのことを考えているものです。「もっと稼ぎたい」「普段の業務とは別の仕事で自分を鍛えたい」という「意識が高い系」のエンジニアなら、サイドビジネスにも興味があるでしょう。

そのようなエンジニアに対して、「あなたのブログを読んで、ぜひ仕事を依頼したいと思いました。副業で、できる範囲で構いませんので、一度、会っていただけませんか」といったオファーを投げれば、エンジニアから返信がもらえる確率はグッと高くなるはずです。

②依頼する仕事は「低レベルかつ定量的」であること

「低レベル」というのは、そのエンジニアが片手間でできるぐらいの「負荷が少ない作業」という意味です。具体的には、普段バリバリの大規模ウェブサービスを開発しているエンジニアなら「会社のホームページを作る」くらい朝飯前なので、そのようなレベルです。

他にも、「社内の業務データを自動でバックアップするツールを作ってほしい」とか「社内ネットワークの接続が不調なので見てもらいたい」といった依頼なら、片手間で引き受けてくれるでしょう。「何が簡単で、何が難しいか」を経営者が判断できない場合は「それについて相談したいので、1時間だけコンサルティングしてほしい」などのオファーから始める方法もあります。

このような、エンジニアから見たら**「そんな簡単なことでお金がもらえるならぜひやり**

ます」というぐらいのレベル感が最適なのです。逆に、「何カ月もかかるような重たい業務システムの開発」を、初対面でいきなり依頼することはやめましょう。あくまでも副業ですから、「お小遣いを稼げればいい」というくらいの気楽さが大切なのです。

また「定量的」であることも重要です。「1時間いくら」など支払い条件が明確でなければ、エンジニアは身構えます。間違っても「タダでコンサルティングしてもらおう」などと考えてはダメです。

相手の時間を拘束したのならば、きちんとお金を払ってください。依頼する際に金額も伝えて、相手に納得してから来てもらうことが大切です。

私自身の体験からも、この手法は、お互いにメリットが大きいと思っています。以前、私はフリーランスとして、A社で平日の10時から19時まで仕事が埋まっていたのですが、知人のエンジニアから「定時後か土日だけでいいからB社を手伝ってくれ」と頼まれました。「まあ、家に帰ってもヒマだし、稼げるならいいか」と思って、無理のない範囲で手伝うことになったのですが、そのうち「B社のほうが面白いかも」と思い始めて、やがてA社との契約を終了し、B社にてフルタイムで働くことになったのです。もしこれが、いきなり「A社を辞めてB社に来てくれないか?」という依頼だったら、断っていたと思います。

「知人のエンジニアを紹介してもらうツテがない」という場合は、ゼロからエンジニアを探すしかありません。今では、見知らぬエンジニアに対してダイレクトメッセージを送る手段は数多く存在します。

エンジニアと知り合ったりメッセージを送ったりするのに適したサイトについては、例えば次ページの表に挙げたようなものがあります。

支払いは時給換算が一般的

なお、お金は時給で支払うのが一般的です。時給の目安は3千〜5千円です。ケチると相手にされませんから注意してください。会社に来てもらって作業をしてもらうなら、会社に滞在した時間で払います。自宅で作業してもらう場合は、どの作業に何時間かかったのかを自己申告してもらいます。

「自己申告だと水増しで多く請求されるのでは?」と心配するかもしれません。社内にエンジニアがいるなら、そのエンジニアにチェックしてもらえば「この作業で、この時間は、かかりすぎ」など、妥当性を確認できます。明らかに過剰請求されているなら、発注を中止しましょう。

●エンジニアと知り合うきっかけが得やすいサイトの例

Qiita （キータ）	エンジニアが技術情報を投稿して公開できるブログサイトです。投稿者名をクリックすると、エンジニアによってはメールアドレスやツイッターアカウントを掲載していることがあるので、ダイレクトにメッセージを送信できます。 （https://qiita.com）
connpass （コンパス）	エンジニア向けのIT勉強会やセミナーが掲載されているサイトです。主催者も参加者も現役のエンジニアであることが多いので、このような場に足を運ぶことで、エンジニアと直接会って交流する機会が得られます。 （https://connpass.com）

なお、適切な時間の確認の仕方は、２人以上のエンジニアに似たような作業を依頼して、かかった時間を比較する、などの手法もあります。

3-4

経営者として「IT以外の得意分野」を明確にする

社長自身がエンジニア出身で、ゼロからITサービスを立ち上げた経験があるならば、採用の際、「私の下で働けば、私が持っている技術を伝授します」とメリットを説明することが可能です。

しかし例えば社長が営業職の出身である場合、技術面では素人ですから、「まずは自分がITに詳しくならないとエンジニアは集まらない」と考えるかもしれません。しかし、IT未経験の社長が現役エンジニアを超えるスキルを身に付けるのは、現実的に厳しいといえます。ですから、エンジニアを惹きつけたいなら「IT以外の魅力」で勝負したほうが賢明です。

ここでいう「魅力」には、大きく2つあります。

①経営者個人の「人間としてのカリスマ」

「社長＝経営トップ」という肩書きは、起業経験のない雇われエンジニアから見たら、それだけで尊敬に値します。**会社の規模に関係なく、社長というポジションは重いのです。**

そのため、「社長と一緒に机を並べて仕事ができる」のは大きな魅力です。

社員百名を超える規模になると、末端のプログラミング担当者が社長と話す機会はほとんどありません。社員千名を超えると、社長と同じフロアにいることさえ珍しくなり、顔も合わせなくなります。正社員でも新人なら名前すら覚えてもらえないでしょう。新しいアイデアを提案しようにも、中間管理職を通さねばならず、社長に直訴できません。大きなＩＴ企業で働くエンジニアたちは、「社長は手が届かない雲の上の存在」であることに寂しさや不満を抱いているものです。

その反面、小さな会社には、社長と末端社員がダイレクトにつながっている一体感があります。「尊敬できる人の下で働きたい」――それは年齢や経験に関係なく、多くのエンジニアが願っていることなのです。ですから、経営者自身が「心から尊敬される存在」であれば、人は集まるのです。

②会社としての「ＩＴ技術力以外の強み」

「老舗で多くの顧客を抱えている」「業界シェアがトップ」「資金調達力が強い」「魅力的な特許を取得している」「海外からの評価が高い」「巨大企業や官公庁との太いパイプがある」など、自社の強みがＩＴに無関係でも、それらはエンジニアから見たら十分に魅力的です。

そもそも、企業が新たにエンジニアの採用を検討するのは「自社の弱みがＩＴだから、それを強化したい」ためでしょう。それならば「ＩＴに詳しくないから採用できない」と考えるのは逆で、むしろＩＴ以外の強みをエンジニアに伝えて「ＩＴの部分はぜひあなたにお願いしたい」と頼めばいいのです。

3-5 社内ルールはむしろ未整備なほうが効果的

「社内の制度が未完成だからエンジニアが集まらない」という考えは間違いです。社員5名や10名の小規模な会社は、福利厚生の充実度では大企業に勝てませんし、労働組合もありません。給与レンジや査定ルールも曖昧です。だからこそ、逆に**「うちはまだ何にも決まっていない。だから自由にやってくれ」というのが強みになる**のです。

「朝は何時に来て、夜は何時に帰っても構わないから」、「雨の日は自宅で作業していいよ」、「何かあれば自分（社長）に直接言ってね（面倒な稟議や印鑑のスタンプラリーは不要）」

――小規模な会社のこういった環境は、巨大ＩＴ企業で「社内規約」「コンプライアンス」「情報漏洩」「タイムカード」「稟議書」「始末書」「報告書」などの縛りで息苦しい思いをしているエンジニアにとって楽園に見えます。

ＩＴ企業に限らず、どんな会社でも人数が増えると、ルールでの統率が欠かせなくなります。ですが、国家でも法律が厳しくなりすぎると住みづらくなるのと同様に、会社もまた、規則が増えすぎると社員は嫌気がさして辞め、悪い評判が広まります。

大手を辞めてベンチャーで働くエンジニア（私も含めて）の多くが、「社内規則での縛りに耐えきれず辞めた」といいます。**「エンジニアとして心からやりたいこと」をやるためには緩和された環境が必要**、ということです。

ちなみに、私が過去に遭遇して気持ちが一瞬で冷めた、いくつかの社内ルールを紹介しましょう。

服装系

- 職場でサンダルを履いてはならない
- 襟のついていないシャツは禁止とする
- 靴下は黒か紺色系に限る

道具系

- 机の下に荷物を置いてはならない（地震発生時に潜れなくなるから）
- 個人所有のディスプレイを持ち込んではならない

・業務時間中にスマートフォンを操作してはならない

ネット系

・会社のアドレスでメールマガジンを購読してはならない
・会社のパソコンで動画サイトを見てはならない
・飲食店のクチコミサイトは業務に無関係なので職場の飲み会の下調べでも閲覧禁止

服装系や道具系は、いずれもＩＴの開発とは全く関係のない、どうでもいい決めごとです。エンジニアでも「営業担当者に同席して客先で技術的な説明をする」などの仕事もあります。その場合はスーツ着用は必要ですが、社内でプログラムを書くだけならばＴシャツでも問題ないはずです。

プロジェクトマネジャーなら面接等をする機会もあるので身だしなみは重要ですが、日々プログラミングだけをやっている担当者なら、周りに不潔感を与えない程度で十分なのです。道具の持ち込みに関しても、禁止して何のメリットがあるのでしょうか。

ここで挙げたような規則をすべて守ったとしても、プログラミングの効率が上がるとは到底思えません。

さらに、エンジニアに最も嫌われるのは、情報収集への過度な規制です。「勤務時間中に、業務に関係のないサイトへアクセスすること」を禁止したい気持ちはわかります。

しかし、今の時代、何が業務に関係して、何が関係しないのか、誰が決められるというのでしょうか。ＩＴエンジニアにとってのスキルアップとは、ＩＴの最新トレンドを追い続けることです。化石になったら終わり。だから新しいサイトはすぐにチェックし、流行っているアプリは今すぐダウンロードしたいのです。

「テレビゲームばかりやっていないで勉強しなさい」と子どもを叱る親はたくさんいます。しかし、インターネット時代の今、ゲーム未経験者が、ウェブサイトやアプリの優れたユーザインタフェース（デザインやボタン配置など）を思いつくのは容易ではありません。過去、ゲームに何百時間も費やしてきた経験こそが、昨今の使いやすいサービスの開発に役立っているのです。現役エンジニアへの過度な情報収集規制をしようとする経営者は、このような子どもを一方的に叱る親と同じことをしているのです。

3-6 エンジニアに時間と場所の自由を与えつつサボりを防ぐ方法

エンジニアの労働時間について、「残業が多い会社はブラックだ」とか「自宅で仕事をしてはいけない」などと決めつけるのは得策ではありません。結論としては、**小さな会社は「時間で縛らない自由な働き方ができる環境」を提供するのが正解です**。社員を信用して任せる企業こそが、エンジニアにとってのホワイト企業なのです。

上場している巨大企業の場合は、柔軟性より安全性を重視する傾向にあるため、結果として、社員は自主的に動きづらくなり、あらゆる行動に上司の許可が必要となりがちです。

エンジニアは、休日に自宅でプログラムの優れたアイデアが思い浮かぶこともあります。しかし「勤務時間外にソースコードを修正してもいいのだろうか。上司の許可なく勝手なことをしたら怒られるかもしれない」などの考えがよぎれば、行動に移せません。このような煮え切らない思いをため込み続けていると、自主性が奪われていくのです。

「小さな会社は労働時間を守らなくていい」とまでは言いませんが、良くも悪くも、曖昧な部分があるのが望ましくもあります。

給与が安くても働きやすさを重視する人も

エンジニアの仕事は、接客業や肉体労働とは違います。働いた時間に比例して成果が上がるわけではありません。ですから結局のところ、時間や場所を問わず「働きたい時に働かせる」、そして「休みたい時に休ませる」のが、最も費用対効果がよいのです。

知人が経営している、あるＩＴ企業では、かなり優秀なエンジニアを相場より安い賃金で採用していました。なぜそんなことができるのか理由を聞いたら「小さな子どもがいる女性なので、急な遅刻や早退があっても柔軟に対応しているから」とのことでした。社長と社員の距離が近い、総勢10名以下の小さな会社だからこそできるワザです。これが大企業になると、周囲からの反発や、頭の固い中間管理職からの圧力など、さまざまな足かせが発生し、実行に移しづらいものです。

ライフスタイルが多様化する中、「時間の自由があれば給料は高くなくても構わない」という考えを持つエンジニアは、今後もますます増えていくでしょう。

「時間」ではなく「納期」を守らせる

「自由にさせたらサボるに決まっている」と考えるかもしれません。しかし、会社が勤務時間、働く場所を束縛したところで、ずっと監視しているわけにもいきません。

エンジニアの仕事は外から見えづらいので、エンジニア以外の人がパソコンの画面を見ても「何をやっているのか意味不明」、つまり「仕事をしているのか、遊んでいるのか、区別が難しい」ということがよくあります。

明らかに仕事と関係がないサイト（アダルトサイトなど）を見ていたら別ですが、エンジニアがウェブサイトを開発するにあたり、別の業種のウェブサイトを参考にすることは多いものです。スマホのアプリも同様ですから「仕事中にスマホばかり見てサボっている」とは一概にはいえません。

サボらせないために重要なのは「納期を守らせる」ことです。時間や場所で束縛しない代わりに、与えられたタスクを期限までに終わらせることを厳守させてください。その際「今週中にこの機能が完成しないと、来週からのテストができないので、テスト担当者を待たせることになり、迷惑がかかる」など理由をきちんと述べ、「なぜその日まで完成させなければならないのか」を明確に意識させせることがコツです。「周りに迷惑をかけたくない」という心理は、仕事への集中力を高める要因になります。

なお、エンジニアがソースコードの保存や管理、差分チェックや共有に使う「Git（ギット）」というツールがあるのですが、Gitのログ（操作履歴）を見れば、どのエンジニアが、何時何分に、どんなソースコードを保存したのか、すべて確認できます。どのファイルの、どの箇所に、どんな修正を加えたのかまで一語一句記録されます。

普通に仕事をしていれば当然記録されるはずのログが全くない、などの状況が見受けられたら「なぜこの日、Gitにログが一つも残っていないのか」をエンジニア本人にヒアリングしてみるのもよいでしょう。

他にも、Slack（スラック）のような社内チャットを使って、作業の進捗状況を逐一報告させるなど、やり方は色々ありますが、あくまでも「監視すること」が目的ではなく「エンジニアに最高のアウトプットを出してもらうこと」が目的です。「会社とエンジニアとの信頼関係を築くこと」を忘れないでください。

3-7
エンジニアに貸与するパソコンやモニタのスペックをケチらない

エンジニアに使わせるパソコンを会社の備品として用意する際にも注意点が必要です。「営業部や経理部など、他の社員が使っているものと同じでいいだろう」と考えるのは大きな間違いです。自動車にたとえれば、軽自動車でF1レースに参加させるようなものであり、それでは他社に勝てません。エンジニアに高性能のパソコンを買い与えることは、コスト的にはむしろプラスになります。次の3台のパソコンを比較してみましょう。

松：25万円
竹：15万円
梅：10万円

営業や経理などは梅で十分かもしれません。使うアプリも限られているし、それほど負荷がかかる処理は実行しないからです。しかし、エンジニアの作業用なら、迷わず松を選ぶべきです。「竹より10万円も高い！　もったいない！」と思うならば、その考えは誤りです。主な理由を3つ挙げてみましょう。

①2年使うとしても24カ月で割れば、10万円のパソコンとの差は月額約4200円。ケチる額ではない
②上級エンジニアの時給は4千円を軽く超える。低スペックのパソコンで毎日1時間ロスすれば、その分、時給が無駄になる
③パソコンの性能が低いとエンジニアのモチベーションが下がって辞めるリスクが増加する

これでも「パソコンは1円でも安いほうがトクだ」と考えるなら、あなたの会社はIT系の投資に手を出すべきではありません。そもそも、パソコン本体の価格というのは、IT開発にかかる費用全体からすればごくわずかであり、一番気にするべきはエンジニアの人件費です。だから**エンジニアに気持ちよく仕事をしてもらい、最高の成果を上げてもら**

うこと、それが最大のコスト削減につながります。

アプリ開発は高スペックのパソコンでなければできない

ちなみに、なぜエンジニアのパソコンには高いスペックが要求されるのかについて、技術的な観点から補足しておきましょう。iPhoneのアプリを開発するプロジェクトで考えてみます。

iPhoneのアプリを作るためには、専用のプログラミング環境が必要になります。そこで使うソフトウェアは、ブラウザやメールソフトのような軽い存在ではなく、建築現場での重機のように高機能なもので、多くのＣＰＵやメモリを消費します。競技場建設などの大規模な工事では超大型のパワーショベルが必要になりますが、同様に、数千万円や数億円を投資するアプリを開発するなら、市販されているパソコンで最高性能のものをそろえるのが当然といえます。

さらに、アプリケーションは作るだけではなく、テストが必要です。本番をリリースする前に、正しく動作することを確認するのです。iPhoneアプリであれば、本物のiPhoneを使ってテストするのが必須ですが、開発段階ではパソコン上で仮想的なiPhoneを立ち上げてテストするのが一般的です。仮想的といっても、機能面では実機のiPhoneと変わりませんから、その仮想iPhoneを動かすために、パソコンのＣＰＵやメモリを大量に使います。そのような理由から、エンジニアが使うパソコンには高いスペックが求められるのです。

ＣＰＵやメモリの性能が低いと、仮想iPhoneの立ち上げに時間がかかったり、肝心なテストの途中で固まったりなど、作業がまともに進められなくなり、エンジニアの集中力を途切れさせます。エンジニアの集中力はプログラムの開発効率に大きく影響しますから、どんなに重たい処理でも快適に動かせる高スペックなパソコンは絶対に必要なのです。

同じ理由で、モニタの台数も、エンジニア1人あたり最低2枚は確保してください。ウェブアプリケーションの開発では「ブラウザで画面を表示させながら、ソースコードを編集して、表示が変わったことを確認し、さらにソースコードを修正して微調整する」――といった作業を繰り返します。

そのため「ブラウザを表示させる画面」と「ソースコードを編集する画面」は同時に2枚、常に開いておいたほうが作業スピードが上がります。「ノートパソコン1台＋外付けモニタ1台」という構成が一般的です。

第4章

採用すべき人材の見抜き方

4-1

会社の成長フェーズによって「よいエンジニア」の定義は変わる

ＩＴを活用したビジネスモデルは、大きく分けると2つあります。

1つは、製造業や流通業など、既存の商品で利益を上げている会社が、エンジニアを採用することで、ＩＴを活用してさらなる売上増加や業務効率化をめざすケースです。ＩＴ自体で儲けるのではなく、**ＩＴによって既存商品が拡販できたり、人件費が節約されたりすることで儲けよう**、という考え方です。

もう1つは、**ウェブサービスやスマホアプリなどをゼロから開発して注目を集め、広告掲載や有料課金で儲けよう**、という考え方です。製造業と違って物理的な商品在庫を抱えるリスクはないものの、参入障壁が低いため、競合が多く、世界中がライバルとなります。

後者は、いわゆる「ＩＴベンチャー」なのですが、「起業したてのＩＴベンチャーがどのようにエンジニアを採用しているのか」について知れば、他業種の小さな会社においてもエンジニア採用のヒントになります。

まず、ＩＴベンチャーの成長フェーズは次の４段階に分類できます。各フェーズに応じて最適なエンジニアを採用するのが成功の秘訣です。

①シード（Seed）……アイデアはある。試作品もある。利益はない
②アーリー（Early）……初めての資金調達。軸は定まりつつも赤字は続く
③グロース（Growth）……営業活動と組織づくりが課題。さらなる大規模資金調達
④レイター（Later）……黒字化達成。上場準備。企業としての社会的責任

それぞれのフェーズに求められるエンジニア像を見ていきましょう。

①シード：１～２年目くらい。プロトタイプ開発に資本金をつぎ込む時期

創業者のアイデアがきっかけとなり、サービスの開発に着手する第一段階です。ただしプロダクトの品質は最悪です。試行錯誤の中、走りながら考えるため、仕様も二転三転し、バグだらけで売り物にはほど遠いレベルです。１千万円程度の自己資金を用意しても、またたく間にエンジニアの人件費に消えます。

この時期に必要なエンジニアは「非正規」で「幅広い技術に対応できるフルスタックエンジニア」です。即戦力が必要であり、フリーランスなどの業務委託を使うのが一般的です。開発力のみならず、ビジネスモデルを意識した会話ができる人材、かつ、たび重なる仕様変更に柔軟な対応ができる精神力も欠かせません。技術領域も、フロントからサーバサイド、インフラまで幅広く、なんでもこなせる人が必要です。エンジニア経験10年以上のベテランが理想的でしょう。

シード期には、このようなスペシャリストが1人いればよく、逆に新卒レベルの見習いエンジニアが複数名いてもプロジェクトは回りません。

②アーリー：3年目くらい。赤字は継続するが、仕様やプロダクトは徐々に安定する

この時期になっても赤字は続きますが、プロダクトは徐々に安定してきます。会社の方向性や商品コンセプトの軸が定まり、仕様のブレも減ってきます。その結果、バグも少なくなり、プロダクトはそれなりに使えるレベルへ進化します。資本金はすでに底をついているので、追加の資金調達（5千万円から1億円程度）を済ませているのが一般的です。エンジニアは3〜5名ぐらいの体制になり、少しずつ分業化が進んでいきます。

この時期に必要なのは、シード期に作り上げられたプロダクトの土台をメンテナンスし

つつ拡張できるエンジニアです。万能なフルスタックである必要はありません。IT業界で最低でも3年程度の経験があれば、チーム内で力を発揮してくれます。なぜなら、そのくらいのレベルのエンジニアならば、自分でゼロからプログラムを考えて書くスキルはまだ低くても、「すでに誰かの手によって作られたプログラムを読み解いて、それを改良するスキル」あるいは、「既存の処理を真似して類似機能を量産するスキル」を持っているケースが多いからです。

③グロース：4〜5年目くらい。黒字化を見据え、営業力やブランド力を強化する

この時期になると、プロダクトは「無料なら誰もが使いたがる」かつ「一部のヘビーユーザはお金を払ってくれる」というレベルまで成長しているでしょう。開発系とマーケティング系の分業化が進む時期でもあります。

シード期やアーリー期では、作り手のアイデアで「こんな機能があれば必ず使ってくれるはず」という博打《ばくち》的な開発が主流になりますが、グロース期で利用者もある程度増えてくると「どの機能が使われており、どの機能が使われていないか」という、データ解析に基づいた開発計画が求められます。

このような手法を「**データ・ドリブン**」と呼びますが、それをやるためには「最もアク

セスの多いページはどれか」などの事柄を計測しなければなりません。計測データの取得にはプログラミングの知識が必要ですが、それだけではなく、マーケティングでいう「**カスタマー・エクスペリエンス**」(顧客体験)の観点でデータを分析する能力も求められます。

プログラミングのスキルと、マーケティングのスキル、その両方を兼ね備えたエンジニアはまれなので、開発系とマーケティング系での分業化が進みます。よって、この時期には、**データ集計や分析系の技術、ネット広告に明るいエンジニアの採用も積極的に実施されます**。

④レイター：5年以上。完全黒字化し、組織整備をして上場を見据える

プロダクトから安定的な利益が生まれるようになり、社員数も開発と営業を含めて50名を超える規模に成長している時期です。上場に向けた具体的なマイルストーンが置かれ、社内組織の整備が求められます。これまで自由度や柔軟性を重視していた経営から、秩序や安全性を考慮する運営にシフトチェンジせざるを得なくなるでしょう。「サービスをダウンさせない」「利用者の信頼を裏切らない」などはもちろんのこと、顧客データの漏洩などにも気を付けなければなりません。

「セキュリティを意識できる」かつ**「社内の運用ルールを遵守できる」**といった**「真面目**

さ」が、この段階になると特に求められるようになります。

例えば、プログラミングにおいても「このソースコードの書き方ではセキュリティ上の欠陥があり攻撃を受けやすい」などの視点で開発できるか、といったことが問われます。社外に機密情報を開示できなくなるため、これまで業務委託に頼っていた部分は、少しずつ正社員に任せていく必要があります。中途採用のみならず、新卒採用からの育成も視野に入れ始めます。企業に文化を根付かせるためには、新卒を教育するのが有効だからです。

成長に伴う悩みのタネ

ITベンチャーの成長は、大きく分けると以上のような4フェーズがあるのですが、成長に伴って、経営者を悩ますタネは大きく2つあります。

1つは「仕様が二転三転する」という問題です。何が当たるかわからないから、手当たり次第で機能を追加し、気づいたら当初の計画とは全く違うサービスができ上がっていた、というケースです。機能が増えれば、それをメンテナンスする工数も増えるので、当初の人員計画が変動し、追加のエンジニアを採用せざるを得ない状況に陥ったりします。

もう1つは「アクセスが増えない」、つまり「サービスを認知させるのに莫大なコストがかかる」という問題です。どんなに優れたウェブサービスやアプリを開発しても、利用者に知ってもらわなければ、誰もアクセスしないのはもちろん、ダウンロードもしません。利用者が増えなければ、広告も受注できず、有料課金も絵に描いた餅です。

では、この2つの問題点をクリアするために、どのようなエンジニアを採用すればよいのでしょうか。**観点は「実装能力」「調整能力」「マーケティング力」です**。

仕様が定まらない時期は、実装能力としてのプログラミングのスキルに加え、意見調整のスキルが必要ですから、マネジメントやファシリテーションの経験が活きます。しかし仕様が安定してくれば、プログラミングの実装スキルが主力になるので、調整作業はそれほど大変ではなくなります。

マーケティング力については、ゼロから立ち上げる商品なら、いかにして世に広めていくかを考えるスキルが求められます。SEO（検索エンジンの検索結果で上位に表示されるためのノウハウ）や、SNSなどを用いたインターネット広告の手法に強いエンジニアは重宝します。一方で、すでに認知されている商品を扱うのであれば、広告のスキルはそれほど重要視されません。

この考え方は、ITベンチャー以外の小さな会社にも適用できます。これから始めようとしている開発について、「仕様が決まっているのか」そして「どの程度の宣伝が必要か」を判断し、状況に応じて、採用するエンジニアの実装能力と調整能力、マーケティング力を見極めるのです。

例えば「ウェブを活用した社内の業務効率化」であれば、現状困っている業務が明確なら仕様は固まりやすいでしょうし、利用するのは社内の人間ですから宣伝も不要です。その場合は、エンジニアのスキルとして、マネジメント能力やマーケティング力は、必須ではありません。

4-2

社内の業務効率化が目的なら実装系より管理系のエンジニアを検討する

ＩＴ企業としてゼロからプロダクトを開発するのではなく、すでにＩＴ系以外で軌道に乗っているビジネスがある会社の場合はどうでしょうか。その場合、エンジニア採用の目的は、「社内の業務効率化」や「既存商品の拡販」などが多いでしょう。そこで考えていただきたいのは、その目的を達成するための手段として「エンジニアを採用するのが最適解か」という点です。

例えば、社内の業務効率化としてよく挙げられるのは、紙で処理している請求書、顧客リスト、社員の勤怠、経理情報などのＩＴ化です。表計算ソフトではなく、ウェブで管理し、モバイルで外出先からも参照できるようにしたい、などの要望は、業種を問わず多くの会社の社員から出ています。そして、そのような仕組みは、すでに誰かが開発して販売している場合が多いのです。

エンジニアに作らせる必要があるかを考える

自分の会社が困っていることは、他の会社も困っているはず。よってニーズがあるので、それを商品化している会社があるはず。そのように考えれば、エンジニアを採用してイチから作らせるよりも、既製品を買ってきたほうが早いかもしれません。

「どの製品を選べばいいのかわからない」とか、「価格の妥当性が計算できない」などの悩みがあるなら、そのような目利き力のあるエンジニアをスポットコンサル的に採用すればよいのです。この場合は、プログラマというよりは、システムエンジニアやプロジェクトマネジャーなど、上流工程の経験者が理想的です。自分で手を動かして実装するスキルは必要ありません。自社の要件に合った商品を探して、比較検討し、見積もり金額を確認して発注する。ITコンサルティングにも近い仕事です。

管理系のエンジニアが望ましいとき

一方で、ある程度の規模の会社なら「既製品は導入済みだが、今の業務に合わなくなって使いづらいので、カスタマイズしたい」もしくは「ゼロから作り直したい」という要望もあるでしょう。その場合でも、必ずしも実装スキルのあるエンジニアを雇わなくても、外部の受託開発業者に発注する方法があります。その際、発注するための要件定義書などを作成し、業者と打ち合わせをして仕様を詰めていくという作業が必要になりますので、そのような経験がある管理系エンジニアを雇うのが正解でしょう。

いずれにせよ「自社専用のＩＴシステムをゼロから開発せざるを得ない状況」でない限りは、プログラミングスキルの高いエンジニアを採用してもミスマッチになる可能性が高いので注意してください。

4-3

エンジニアに求められるコミュニケーション能力は営業マンのものとは違う

どのような職種でも、採用するなら「コミュニケーション能力が高い人材」であることが理想です。しかし、エンジニアのコミュニケーション能力は、営業職や事務職のそれとは異なるので注意しましょう。

特に、複数名のエンジニアで構成される開発チームの場合、エンジニア同士のコミュニケーションには「神経質なまでの厳密さ」が求められます。営業職のコミュニケーションでは、あえて曖昧な言葉を使うなど、アナログな調整力や雰囲気も重視されます。一方でエンジニアの開発作業においては、仕様が曖昧なままだと「意図した機能とは全く違うもの」ができ上がるリスクが増えます。あとで「こんな仕様ではダメだから作り直せ」と言われれば、手戻りが生じて余計な工数がかかります。

ですから、エンジニアに求められるコミュニケーション能力は、「なんとなく」が許せ

ない「白黒はっきりさせないとダメ」なものなのです。営業とエンジニアでの、具体的な会話の違いを見てみましょう。

営業職の会話例

「AもBも十分に魅力的ですが、どちらがお好みですか」

「私ならAをオススメします。人気もありますし、売れていますよ」

エンジニアの会話例

「Aがいいなら、その理由を説明してください」

「AとBを比較して、メリットとデメリットを挙げてください」

「AとBの性能差、開発の難易度など、比較表を提出してください」

エンジニアは「ロジック」で会話する

このように、**営業は「感情で会話する」傾向があるのに対し、エンジニアは「ロジックで会話する」のです。**「なんだか理屈っぽい」と冷たく感じられるかもしれません。しかし、エンジニアは主に「コンピュータを相手にする仕事」です。IT機器は0か1かで動く物体ですから、人間のように「雰囲気を察する」ことができません。すべてを論理的に整理してから命令（プログラミング）しないとダメなのです。

もちろん、エンジニアでありながら、営業的な対話が上手な人もいます。プロジェクトマネジャーなど管理職経験者にそのような人が多いです。会議や進捗管理、部下のやる気を引き出す面談、他部署との利害調整などで、会話力が鍛えられるからです。

一方で、プログラミングばかりやっている担当者は、一日中パソコンを凝視して誰とも会話しない日もあります。それでも「仕様通りの動く機能を実装できる人材」なら、それは優秀なエンジニアといえるでしょう。「人間との会話が苦手なエンジニア」でも「コンピュータを思い通りに操れる」なら、開発要員としての採用に値するのです。

4-4

エンジニアとの仕事の会話は「曖昧の排除」と「統一性」を意識する

エンジニアに作業を指示する時や、何かをお願いする際には、できるだけ「曖昧な表現」を避けましょう。わずかな表記の違いが、意思疎通を妨げたり、予期せぬバグを生み出したりするからです。「画像を小さくしてください」ではなく「画像の縦横ピクセルを縦600ピクセル、横800ピクセルに変更してください」と言わなければきちんと伝わりません。

また「統一性がない」のも問題です。ホームページに載せる原稿に「次の質問にyesかNOでお答えください」と書いてあったら、エンジニアはその通りに転記します。「yesだけが小文字なのは誤記だろう」などと判断して勝手に修正することはありません。「yesを小文字にして、NOを大文字にしているのは、デザイン上もしくは仕様上の都合など、正当な理由があって意図的にそうしているのだろう」と解釈する、それがエンジニアの思考です。

1文字の違いが大きな損失を生むことも

メールやチャットなど、テキストでの会話において、エンジニアは神経質なまでに「文字列の種類」を厳密に区別します。プログラミングに挑戦したことがある人なら、「たった1文字のスペルミスに気づかず、エラーの原因がわからないまま1日潰した」という苦い経験があるでしょう。

ゆえに、エンジニアは「1文字」に徹底してこだわります。同じ文面の中に「yes」「Yes」「YES」が混在している（統一されていない）だけで、エンジニアは「気持ち悪い」と感じますし、「この人はアバウトで非論理的だ」と判断します。それは神経質ではなく職業病なのです。その特性を理解していないと、正しい意思疎通が図れないこともあるので注意してください。

例えば、来月から新しい社員が入社するので、そのアカウント作成を依頼する場合で考えてみましょう。担当者が次のような文面をエンジニアに送ったとします。

下記のメールアドレスを新規登録してください。
渡辺えりこ　watanae@company.co.jp

ここで、watanabeではなくwatanaeであることに着目してください。「bが抜けている。スペルミスかな?」と思うでしょうか。依頼元に確認するのが確実ですが、エンジニアの観点では「これはスペルミスではない」と判断します。

まず、エンジニアの常識では、テキストで何かを依頼する際は、その記述には細心の注意を払うべきであり、スペルミスなどあってはならないし、あるはずがないのです。つまり、なんらかの意図があって、watanabeではなくwatanaeと記載されているのだ、と解釈するのです。「すでに渡辺という、同じ苗字の社員がいて、それと区別するために変えたのだろう」「わたな+えりこ=watana+e=watanae　と決めたのだろう」といった思考で、勝手に修正することなく、書かれた通りに登録します。

後になって、依頼元から「登録してもらったメールアドレスだけど、間違っているよ。watanabeで再登録してね（誤記ぐらい気づいて直してほしかった）」と言われても、「こちらは指示された通りに登録したので正しい。誤った記述で送ってきたそちらが悪い」となるのです。

このようなトラブルを避けるために、エンジニアにテキスト文面を送る時は、次の点に注意しましょう。

①英単語はスペルミスがないように、ネット辞書で検索してコピペする

人間は必ずミスをします。簡単な英単語でも、手打ちではなくネット辞書で検索してコピペするぐらいの神経質さを持ちましょう。エンジニアがソースコードを書く際も、スペルミスには細心の注意を払いますし、高機能なエディタ（ソースコードを書くための専用のソフトウェア）には、スペルミスを自動的に指摘してくれる機能もあります。

②英数字は半角を使う。大文字と小文字を厳密に区別し、文面内で統一する

同じ文面に例えば、Yahoo、yahoo、Yahoo!を混在させてはダメです。エンジニアは「統一されていないのは、何か理由がある」と考えます。人間にとっては同じでも、コンピュータにとってはyahoo=Yahoo!ではないからです。そのため、統一されていない用語は、エンジニアに余計な思考を巡らさせるストレス要因となります。

③顔文字は使わない（グラフィカルなスタンプやアイコンはＯＫ）

業務メールのみならず、プライベートのメールであっても、エンジニア向けのものならテキストの顔文字は使わないほうが無難です。例えば \(^.*)/ は、エンジニアにとっては「片目をつぶっている顔」ではなく「意味のあるソースコード」に見えるのです。

相手をリラックスさせるはずの顔文字が、逆にストレスを与えてしまうのでは本末転倒です。

4-5

エンジニアが「どんな資格を持っているか」は気にしなくていい

私が一緒に働いたエンジニアの中には、「難しい資格を持っているのに、仕事はさっぱりできない人」が少なくありませんでした。**資格も学歴も、プログラミングには無関係なのです**。これはエンジニアに限りません。音大を出たからといってヒット曲が作れるわけではありません。東大出の国語教師が売れる小説を書けるわけではありません。それと一緒です。

エンジニアの評価は、資格ではなく「成果物の品質」や「柔軟な障害対応力」、そして「安定した開発スピード」でなされます。

「成果物の品質」は、書き上げたソースコードが仕様通りに動作し、メンテナンス性に優れているかどうかで判断されます。「柔軟な障害対応力」とは、バグ発生時にその原因を瞬時に見極める勘所、「安定した開発スピード」とは「機能の難易度によって納期が大幅て変動しない」ことです。いずれも資格取得の教科書には載っていない、実務経験によってのみ蓄積されるノウハウです。

知識は必要になった時に勉強して身に付ける

そもそも、学術的な知識というのは、往々にして「現場では知らなくてもいいこと」が大半です。学校で習った二次方程式は、社会に出てから使う機会がない人が大半ですが、ＩＴ技術の資格も、それと似た側面があります。

例えば、初級エンジニアが取得を推奨されている情報処理資格に「基本情報技術者試験」があります。そのカリキュラムには「プロセッサの割り込み処理」とか「レジスタの種類と用途」なども含まれます。

これらの知識は、ＯＳや組み込み系ファームウェアなどの開発には役立つかもしれません。しかし、ウェブアプリケーションの開発においては、全く意識しなくてもいい領域であり、その分野の実務で使うことは皆無です。優秀なＦ１ドライバーになりたければエンジンの内部構造を詳細に理解しておくべきなのでしょうか？　それよりも運転の技術を磨いたほうが勝てるでしょう。エンジニアもＣＰＵの内部構造を知らなくてもプログラムは問題なく書けるのです。

主なエンジニア資格

資格名	対象	レベル	合格率（平成30年）
ＩＴパスポート	ＩＴに興味がある初心者、非エンジニア	初級	50.4%
基本情報技術者	新人エンジニアまたはエンジニア志望の学生	初級	25.6%
応用情報技術者	実務経験３年程度までの中堅エンジニア	中級	23.1%
ネットワークスペシャリスト	通信ネットワーク分野の上級エンジニア	上級	15.4%
データベーススペシャリスト	データベース分野の上級エンジニア	上級	13.9%
エンベデッドシステムスペシャリスト	IoTなどの組み込み分野の上級エンジニア	上級	17.8%
システムアーキテクト	要件定義や設計工程の上級エンジニア	上級	12.6%

※合格率の出典：IPA情報処理推進機構

それでも、例えば学校で習った二次方程式のような知識が仕事で必要だと思うのなら、そうなった時に勉強すればいいわけです。ＩＴの世界は、その領域が広すぎて、すべてを事前に勉強してから臨むのは不可能です。多くのエンジニアは日々、知らないことにぶつかりながら試行錯誤して学んでいるのです。

ちなみに私は、合格率が約15％の国家資格「ネットワークスペシャリスト」を持っています。ですがフリーランスの商談で「資格があるから契約が有利になる」ことは、まずありません。せいぜい飲み会で自慢できる程度です。開発現場では、資格よりも実務経験、知識よりも「実際に手を動かして何を作れるのか」という結果が重視されます。

エンジニア採用時に「今、資格の勉強をしています」「今、自分でサービスを作っています」という2名がいたら、後者のほうが優れていると考えましょう。

4-6 エンジニアの実務経験レベルは4段階に分けて判断する

即戦力を求めるなら、資格の数よりも経験の数を重視しましょう。しかし、単に「経験があります」という回答だけでは、どの程度のレベルなのかわかりません。ここでいう「レベル」は、次の4段階で考えてください。

レベル1：その分野に着手したばかりで、作業しながら勉強中である

エンジニアが未経験の分野に対して、初心者向けの参考書を読みながら試行錯誤している状況です。この段階では「触ったことがある」というレベルなのですが、それでも「(触ったことがある、という意味で) 経験がある」と答えるのは可能です。ところが、「実際にどんなサービスを開発したのか」「その開発プロジェクトに何カ月いたのか」「成功体験や失敗体験は?」などを聞くと、具体的に答えられないことが多いので、その点をチェッ

クしてください。

レベル2：上司の指導を受けながら、指示された作業を遂行できる

上司から指示された簡単な作業を進めながらも、「行き詰まったら上司が助けてくれる状況」での実務経験者です。このレベルになると「既存のソースコードを読んで理解するのが大変だった」や「上司が何を言っているのかわからず、何度も聞き直すのが申し訳なかった」など、具体的に苦労したエピソードが話せるようになります。

レベル2を最低でも1年以上経験していれば、レベル3にステップアップできる可能性があります。その点は本人のやる気次第なので、「弊社には、あなたを指導できるエンジニアがいませんので、すべて1人でやっていただきますが、それでもよろしいですか」と聞いてみましょう。

レベル3：誰の助けもなく自主的に判断し、自分1人で作業を完結できる

レベル3以上は、ベテランの領域なので、安心して仕事を任せることができます。現場での指導経験も豊富ですから「部下の教育ではどのような点に苦労されましたか」などを聞くとよいです。会社の仕事以外でも、個人的にウェブサイトやアプリを作っているエン

ジニアが多いので、そのような製品があれば実際に見せてもらい、触ってみるのもよいでしょう。

レベル4：その分野の専門家であり、教育者としての著作や指導経験がある

レベル4に関しては、商業出版の著作や、プログラミングスクールの講師経験があればわかりやすいです。「社内の教育部門にいた」や「教育用のドキュメントを書いていた」などでも構いません。

注意するべき点は、「ここ10年は教育ばかりしており、自分でプログラミングをしていない」というエンジニアもいる可能性があることです。小さな会社は、大企業のような教育部門を立ち上げたいわけではないので、開発の即戦力という観点では、レベル3程度の人物のほうが適している場合もあります。もし、レベル4の人材を採りたい場合は、「教育だけではなく、実際に手を動かして自分でソースコードを書く作業もお願いするかと思いますが、よろしいでしょうか」と、本人の意向を確認しておきましょう。

第5章

面接に役立つ、採用側が知っておきたい「データベース技術力」の確認方法

5-1 即戦力がほしければ、対人関係能力よりも「技術」と「経験」を重視して見極める

中途採用やフリーランスの面接では、即戦力の採用が前提となりますので、対人関係能力のみならず技術スキルの確認にも重点を置いてください。どんなに性格が良くても、モノが作れなければ利益は生まれないからです。

原則として、対人関係能力のチェックには、エンジニアに限らず、営業や事務など、他の職種にも共通する質問が使えます。会話力なら「聞かれたことに答えているか」「要点を簡潔に説明できているか」を見ます。「目を見て話す」「延々と主張し過ぎない」なども基本です。態度や言葉遣いは言うまでもありません。向上心なら「最近読んだ本」「将来の夢」といったところでしょう。

正社員で管理職候補の採用なら、「将来マネジメントをやりたいか」や「折衝力、調整力、決断力」なども見極めたいところです。他にも、「アドリブ力」「ユーモアのセンス」「メ

ンタルの強さ」など、挙げればキリがありません。

ですが、エンジニアの採用において、やはり肝は技術力であり、ＩＴシステムの知見であり、設計開発のスキルであり、プログラミングの経験なのです。それを正確に見抜くためには、適切な質問を投げかける必要があります。この章では、データベース技術系の質問事例について、具体例を交えながら解説していきます。

プログラミング力を期待するなら「データベース」に関する経験を必ず確認する

エンジニアの実装スキルを確認するうえで、データベースに関する質問は必須です。なぜなら、業種や開発言語に関係なく、すべてのＩＴシステムは「データを取り扱う」からです。そして、データベースはデータを保存する領域なので、エンジニアなら絶対に避けられない技術分野です。すなわち、データベースに関する経験や知見を問うことで、あらゆるＩＴシステムの開発に必要な基礎力をチェックできるのです。

そして質問する側も、事前に「データベースとは何なのか」「MySQLとSQLはどう違うのか？」「テーブルとは何か」「カラムとは何か」など、最低限の知識を押さえておく必要があるでしょう。データベースの学習は初心者向けの書籍がたくさん出ていますので、そちらを参考にしてみてください。

「はい・いいえ」で答えられない質問をする

それから、質問の切り口ですが「〇〇はできますか」のような「はい・いいえ」で答えられる形式ではなく「〇〇のケースではどのように対応します（しました）か」「その理由は？」というように、経験に基づいた回答を引き出せるような形式にします。例えば「MySQLのインストールはできますか」ではなく「MySQLのインストールが失敗した場合、何を疑って、どこを調べますか」「なぜですか」といった質問にすると、相手は適当に答えられないので、実務経験の豊富さを確かめることができます。

実務経験とは「調べた通りにやってもうまくいかない時、どのような試行錯誤で解決したか」ということです。市販の参考書には「こうすればうまくいきます」としか書いていないことが大半です。だからこそ、プロのエンジニアには「実際にやってみて、壁にぶち当たり、トライアンドエラーで乗り越えた経験」が問われるのです。よいエンジニアを見極めたければ「教科書だけの表面的な知識では答えられない質問」を心がけましょう。

5-2 どの程度のデータ量を扱ったことがあるかを確かめる質問

質問例

今までに扱ったことのあるテーブルで一番大きなものは何レコードぐらいありましたか？

解説

テーブルとは、データを保存する構造のことで、表計算ソフトでいう「表（シート）」のことだと考えてください。**レコード**は「行数」です。会員数1万人の通販サイトなら、その会員情報は1人あたり1行として、1万行あります。よって「1万レコードのテーブルを扱ったことがある」となります。

回答としては、より大きなレコード数を扱った経験があると有利です。大規模なウェブサービスでは、数十万、数百万といったレコードを扱うことも珍しくありません。そのよ

実務レベルとレコード数の目安

レベル	開発例	データ例	レコード数の目安
勉強・趣味	住所録	1,000人の氏名と電話番号	～1,000
実務（中小企業）	会員制サイト	会員５万人のメールアドレス	1,000～10万
実務（大企業）	行政システム	住人の納税記録	10万～

うなテーブルでは、データのメンテナンスや性能など、さまざまな課題が生じるので、データベースに関する深い知見が求められます。

仮に、そのエンジニアが「独学でデータベースを学び、個人の趣味で扱った程度」ならば、レコード数は数百とか数千のレベルで止まっているでしょう。テーブルの構造設計も我流でやってきた可能性が高いので注意が必要です。

5-3

テーブルの正しい扱い方を理解しているかを確認する質問

質問例

ＳＱＬのアンチパターンを１つ挙げるとしたら、何がありますか？

解説

アンチパターンとは、本来の使い方を逸脱して、無理やりにデータを保存する、推奨されない方式です。「冷蔵庫にシャンプーを収納する」ようなものだと言えばわかりやすいでしょうか。データベースの場合は、次のようなアンチパターンがあります。

アンチパターン１：１つのカラムに複数の値をカンマ区切りで保存する

カラムとは、表計算ソフトでいう「セル」です。一般的には、１つのセルには１つのデ

表1

name	hobby
yamada	piano
tanaka	camp
watanabe	golf

表2

name	hobby
yamada	piano, guitar, drum
tanaka	fishing, barbecue
watanabe	golf, tennis, baseball, soccer, swimming

ータを格納します。例えば「誰が、どんな趣味を持っているか」なら、上の表1のように保存します。山田さんはピアノ、田中さんはキャンプ、渡辺さんはゴルフ、となります。

1人が複数の趣味を持っている場合は、カンマで区切って表2のように保存することもできるでしょう。ただし、このように、1つのカラムに複数のデータをカンマで区切って保存する方式は、データベースでは推奨されません。あとでさまざまな不都合が生じるからです。

例えば「渡辺さんが野球を辞めた」時に「baseball」を削除しなければなりませんが、データベースは「長い文字列に含まれる、一部の短い文字列だけを削除する」という処理が苦手なので、プログラムが複雑になるのです。

このようなケースで最適な保存方法は、すでに確立されています。現場でデータベースを扱った経験があるなら、このアンチパターンは知っていて当然といえるレベルでしょう。

もし相手がこの話題に触れないなら、「複数の値をカンマ区切りで1つのカラムに保存するのはどう思いますか」と振ってみましょう。それに反応しないようであれば、そもそも知らないということです。

アンチパターン2：1人が複数の項目を持つ場合に、カラム数を限定する

では、次ページの表3のような保存方法ならどうでしょうか。

このやり方もアンチパターンであり、あとで問題が生じるので、避けるべき手法です。理由は次のとおりです。

①趣味が最大で5個までしか保存できない

渡辺さんが6個目の趣味を始めたら、今のカラム数では足りなくなります。よって、趣味が増えるたびにカラムを追加しなければなりません。理論上、無限に増え続ける可能性があります。極端に横に長いテーブルは人間の目で見ても、非常に確認しづらい産物であり、メンテナンスが大変です。

表3

name	hobby1	hobby2	hobby3	hobby4	hobby5
yamada	piano	guitar	drum		
tanaka	fishing	barbecue			
watanabe	golf	tennis	baseball	soccer	swimming

②1つの値を削除したら歯抜けになる

渡辺さんが野球を辞めた場合、「baseball」を削除すると「hobby3」が歯抜けになります。そのまま放置しておくと「渡辺さんの趣味は、ゴルフとテニスの2つだけであり、3つ目以降の趣味は存在しない」という、誤った判定をするリスクが残ります。そうかと言って「soccer」と「swimming」を左に詰める、というプログラムを書くのは手間がかかりますし、データベースでは一般的に「あるカラムに入っているデータを、隣のカラムに移動させる」といった操作はやりません。

③田中さんの趣味が「2つしかない」のか「3つ目以降が未入力」なのか不明

例えば田中さんの場合では、「hobby3」以降が空白です。これは「あなたの趣味を3つ以上入力してください」といったケースで生じます。データベースでは、空白を「NULL」（ヌル）と呼ぶのですが、NULLの扱いは解釈が不安定であり厄介です。「田中さんの趣味は2つしかない」とも読み取れますし、「本当は他にも趣味があるけれど、未入力のまま処理が中断された」のかもしれません。エンジニアは、このような曖昧な状態を嫌います。予期せぬバグの温床になるからです。

ですから、こういったケースは、表4、表5のように「2つのテーブルに分けて保存する」のが正解です。

そして、2つのテーブルを「user_id」で紐付けます。このように保存すれば、誰かの趣味が増減しても、レコード（行）が増えたり減ったりするだけなので、カラム数の過不足や歯抜けを気にする必要がなくなります。

表4　ユーザ一覧

user_id	name
1	yamada
2	tanaka
3	watanabe

表5　ユーザの趣味一覧

user_id	hobby
1	piano
1	guitar
1	drum
2	fishing
2	barbecue
3	golf
3	tennis
3	baseball
3	soccer
3	swimming

こうしておけば、「山田さんが結婚して苗字が変わった場合」などでも、ユーザ一覧の「name」の値を変更するだけでよいため、メンテナンスが簡単です。user_idはユーザごとに一意（意味や値が一つに確定して

いる）に決めて、変えることはありません。

「テーブルを2つに分けると扱いが面倒になるのでは？」という心配は無用です。**そもそもデータベースは、複数のテーブルを結合させて処理をするのが得意だからです。**

逆に、「1つの巨大なテーブルを、複数の細かいテーブルに分解する」という処理は苦手です。このやり方は、データベースを扱うエンジニアなら常識的に理解していることであり、これを知らないレベルなら、実装を任せるのは難しいでしょう。

5-4 テーブル設計のスキルを確認する質問

あるエンジニアが、すでに稼働中のプロジェクトへ途中から参画した場合、データベースのテーブルはすでに作られていることが多いです。そのため、「すでに存在するテーブルにデータを保存したり、保存されているデータを取り出したりする」といった処理をプログラミングする仕事がメインになります。

一方で、新規プロジェクトを立ち上げる場合は、そもそもテーブル自体が存在しないので、その「構造を考える」すなわち「設計する」ところから始めなければなりません。**エンジニアの採用目的が「ITシステムをゼロから開発してもらうこと」ならば、テーブル設計のスキルは必須です。**それを確かめる質問として、次のようなものがあります。

質問例

会員制サイトの開発で、「無料会員」と「有料会員」がいる場合、それぞれの会員データを保存するテーブルは分けたほうがいいですか？　同じほうがいいですか？

表６　テーブル「会員一覧」

member_id	name	mail	type
101	suzuki	suzuki@abc.com	1
102	nakamura	nakamura@sample.net	2
103	kobayashi	kobayashi@company.co.jp	1

解説

この場合の答えは「同じほうがいい」です。

アンチパターンの解説で「テーブルは分けたほうがいい」と述べました。しかし「なんでもかんでも分ければいい」ということではありません。扱うデータの内容によっては「分けたらダメ」なケースもあります。それを理解していないエンジニアがデータベースのテーブルを設計すると、あとでとんでもない事態を招くことになりかねないので注意してください。

具体的に説明しましょう。質問例のような、ログインやログアウトができる会員制サイトで「無料会員」と「有料会員」を設ける場合、会員情報（名前やメールアドレスなど）を保存するテーブルは無料、有料を問わず、１つにまとめるのが正解です。つまり、表６のような構造で作るのです。

ここで「type」は会員の種別を示します。「１」なら「無料会員」、「２」なら「有料会員」と決めておきます。つまり「中村さんが有料会員で、鈴木さんと小林さんは無料会員」です。後日、鈴木さんが有料会員になったら「member_idが１０１」の行にある「type」を「１」から「２」に書き換えるだけです。

また、「やっぱり有料会員を辞めて無料会員に戻りたい」となったならば、「２」を「１」に戻せばいいのです。さらに将来的に、無料や有料に加えて「特別会員」のような新しい種別が必要になったら、「３」という定義を追加して、「１」なら無料会員、「２」なら有料会員、「３」なら特別会員、と決めてしまえば、３種類の会員種別を同じテーブルで管理できます。４つ目以降の種別が増えたとしても、理論上は無限に増やせるので問題ありません。

誤ったテーブル設計はメンテナンス性を悪化させる

では仮に、無料会員と有料会員でテーブルを分けてしまった場合は、どうなるでしょう。

そうすると、表7、表8のような構造になります。

表7　無料会員一覧

member_id	name	mail
101	suzuki	suzuki@abc.com
103	kobayashi	kobayashi@company.co.jp

表8　有料会員一覧

member_id	name	mail
102	nakamura	nakamura@sample.net

結論から言うと、このようなテーブル設計は最悪で、絶対に避けなければなりません。

理由は次の通りです。

①無料会員から有料会員への移行、またはその逆で、処理が複雑になり面倒

この構造では、鈴木さんが無料会員から有料会員に移行する際、「表7のテーブルから鈴木さんの行を削除」して「表8のテーブルに鈴木さんの行を追加する」というプログラムを書かなければなりません。これは前述の「typeを更新すること」に比べたら面倒で、余計なリソースを消費します。

②IDが重複する可能性があり、管理が不可能になるリスクがある

「member_id」のような「ある任意の行を一意に特定できるＩＤ」を**プライマリキー**と呼びます。そしてデータベースには「行が追加されるたびに、プライマリキーを連番で自動的に付与してくれる機能」があるので、それを用いるのが一般的です。しかし、その「連番」とは「テーブルごとに連番」なのです。

よって、１つ目のテーブルに「member_id:103」が存在している状況で、同時に、２つ目のテーブルにも「member_id:103」が作られてしまう可能性が出てきます。もちろん、人間が目視で重複をチェックして書き換えることは可能ですが、あまりに面倒すぎて現実的ではありません。当然ながら、同じＩＤを持つ人が２人存在すると、誰がどちらなのか判別不可能になり、システムは破綻します。

③カラムの追加や削除をしたい時に、処理が漏れる危険性が高い

会員の情報として、例えば新たに「生年月日を保存したい」場合は、そのためのカラムを新しく追加しなければなりません。カラムの追加は「それぞれのテーブルに対して、それぞれ個別に実行する」というルールになっています。ですから、テーブルが2つあると、まずは表7のテーブルにカラムを追加し、続いて表8のテーブルにもカラムを追加することになります。

当然、人間ですからミスをして「片方のテーブルにカラムを追加する処理を書き忘れた」なんてことも起こり得ます。そうなると、テーブル同士でデータ構造の整合性が取れなくなり、「生年月日が保存できない」などのバグにつながります。

④新しい会員種別を増やしたい時の改修に膨大な工数がかかる

「1：無料会員」「2：有料会員」に加えて「3：特別会員」を増やしたい場合はどうなるでしょう。また新しくテーブルを作るしかありません。そうすると、①②③で述べた問題はさらに膨れ上がり、もはや収拾がつかない、メンテナンス性が最悪のシステムになります。しかも、一度システムが本格稼働したら、テーブルの設計を変更するのは非常に工数がかかるので、諦めて面倒な処理を書き続けるか、すべて捨ててゼロから作り直すか、といった目も当てられない状況に陥るのです。

以上の問題があるため「無料会員」と「有料会員」でテーブルを分けるのは避けて、1つのテーブルで「会員」を作成し、その中で「無料」「有料」「特別」といった種別で分けるのが正解なのです。

5-5 データベースを統計の観点で分析できるかを確認する質問

質問例

レコードを削除する時、物理削除と論理削除がありますが、それぞれどのようなケースで使い分けますか?

解 説

物理削除とは、データを実際に消してしまうことです。表計算ソフトでいえば、セルの中身をデリートすることです。

一方で「実際には消したくないけれど、消したことにしたいので、セルの色を黒く塗る」といった考え方が**論理削除**です。データベースのテーブルでは「デリートフラグ」というカラムを作り、その中に「1」を保存することで、論理的に削除されたことを示す、という方式が一般的です。

例えば、3人のユーザ（山田さん、田中さん、渡辺さん）が存在する場合を考えてみましょう。

表9の時点では、3人とも存在しており、カラム「delete」にはデータが何も入っていません。では「田中さんが退社した（社員名簿の場合）とか、退会した（会員制サイトの場合）」などは、どうするとよいのでしょうか。物理削除と論理削除、それぞれ次のようになります。

- 物理削除：tanakaの行を実際に消す（表10）
- 論理削除：tanakaの行は消さずに残し、deleteカラムに「1」を保存する（表11。「1」は「退社」や「退会」したことを示す）

表9

name	delete
yamada	
tanaka	
watanabe	

表10

name	delete
yamada	
watanabe	

表11

name	delete
yamada	
tanaka	1
watanabe	

論理削除では「deleteに『1』が保存されている行は、削除されたもの（退社や退会をした人）として扱う」というルールを決めて、それに従ってプログラムを書きます。**論理削除のメリットは「退職率や退会率を計算できる」という点にあります**。deleteカラムに「1」が保存されている人は全体の何割かということが、いつでも確認できます。「退職した人全員の名前を知りたい」といった要求にもすぐ答えられます。

一方で物理削除をしてしまうと、あとで「これまでに辞めた人は何人いたのか」が計算できなくなります。「田中という人物は、あなたの会社に過去、在籍していましたか」という質問にも答えられません。

物理削除をしたほうがいい場合

物理削除よりも論理削除にしておくほうがメリットは多いので、一般的には物理削除は使いません。ただし、次のようなケースでは、物理削除を使います。

①大量のログが蓄積されるテーブルにおける過去のデータ

ソーシャルネットワークなどで「足あと（誰が、いつ、どのページに訪問したかの記録が残る仕組み）」が実装されている場合、次ページの表12のようにデータを蓄積していく方式が一般的です。

このデータを見ると「IDが32のユーザが、index.htmlというページに、2019年12月4日の23時56分1秒にアクセスした」ことがわかります。この手のデータは放っておくと日々大量に蓄積されていき、数カ月も放置すれば数千万行や数億行を超えて、データベースのディスク領域を圧迫します。最悪の場合は、容量をすべて使い切って、他の重要なデータが保存できなくなるかもしれません。ですから定期的に物理削除する必要があります。

どうしてもデータを残しておきたければ、CSV形式でエクスポートし、別のパソコンのハードディスクなどに退避させておけば問題ありません。

表12　足あとログ

user_id	page	date
32	index.html	2019-12-04　23:56:01
870	company.html	2019-12-05　11:32:40
6	sitemap.html	2019-12-05　14:01:23

②あとで変更される可能性が極めて低いデータで、明らかに間違っているデータ

日本には都道府県が47あり、それぞれに番号を付与して管理することが一般的です。例えば、北海道なら1、東京なら13、沖縄なら47です。その対応をテーブルに保存する場合、

表13

id	name
1	北海道
13	東京都
47	沖縄県

表13のようになるでしょう。

このようなテーブルでは、表14のように「間違って入力されたデータ」は残したりせず、物理削除します。つまり、東京都が2つ存在するのはおかしいので、表15のようにして、不要なレコードを残さないようにします。

これらのテーブルを見ると「もともと東京都を14で保存したが、14は神奈川県の番号であり、東京は13であるという間違いに気づいて、13を新しく追加した」ことが推測できます。そんな時は、14の行を物理削除するか、14の行の「name」を神奈川県に修正します。

論理削除は使いません。都道府県の番号と名称の対応は、会員の住所のように基本的には変更されないものだからです（将来、道州制が導入されるかもしれない、などの話は別とします）。会員の退会率のようなデータ統計にも役立たず、完全に不要なデータなので、物理削除するのです。

表14 ×

id	name
1	北海道
14	東京都
47	沖縄県
13	東京都

東京都が２つある

表15 ○

id	name
1	北海道
47	沖縄県
13	東京都

14：東京都を削除

5-6

データの鮮度を意識してカラムを作れるかを確かめる質問

質問例

会員制サイトで、会員の年齢を保存したいとき、年齢の数字（41歳など）を登録するのと、生年月日（1977年12月28日など）を登録するのとでは、どちらがよいと思いますか？

解説

「生年月日」が正解です。表16をご覧ください。「age」は年齢です。

このように、年齢で保存しても特に問題はないように見えます。しかし年齢は「毎年、必ず増えるデータ」です。「大学を卒業した年齢」のような履歴なら変わりませんが、「現在の年齢」というのは、会員登録した時点での数値ですから、翌年にはプラス1歳ずつ、更新し続ける必要があります。ですが毎年、会員自身に手作業で更新させるようでは、サービスとして好ましくありません。

そのような更新処理をプログラムで実装することも可能ですが、もっとよい方法は「生年月日を保存しておき、現在日時との差分で年齢を自動的に計算するプログラム」を作ることです。

生年月日は一度登録すれば更新は不要ですし、コンピュータは「現在の日時」を常に認識できますから、引き算するプログラムを一度作ってしまえば、ずっと使えます。

表16

name	age
yamada	21
tanaka	45
watanabe	53

このように**「あとで更新する手間をいかに省くか」といった思考**も、データベースの扱いにおいて重要です。転職サイトなどで「あと何カ月以内に転職したいですか」という質問の回答を保存する際も同様です。

「3カ月以内」で、3という数字を保存するよりも「転職予定年月」として「2020年4月」といったデータを保存するほうが望ましいのです。

ちなみに、「生年月日と年齢の両方を保存しておく」のは間違いです。データベースでは「重複したデータを排除する」のが大切だからです。生年月日さえあれば年齢はプログラムで計算できるため、わざわざ年齢を保存しておく必要がないのです。逆に、保存してしまうと、バグの温床になります。

例えば、あるエンジニアが「会員の年齢は、年齢カラムに入っている値を表示させればいい」と思い込んでソースコードを書いてしまうと、万が一、年齢カラムに入っているデータが古いままだったら、間違った年齢を表示させてしまうことになります。そうすると、例えば通販サイトであれば、今年、成人になった会員に対して「あなたは未成年なので、お酒は購入できません」などと表示させてしまう（商機を逃してしまう）リスクがあるのです。

一方で、そもそも年齢が保存されておらず、生年月日しかなかったら、プログラマはどう考えるでしょうか。「年齢が保存されていないから、生年月日から求める処理を作るしかない」となり、問題は発生しません。つまり、余計なデータが入っていると、後の処理が大変になるのです。

また、冒頭で挙げた質問への回答として「生年月日は個人情報なので保存しないほうがいいと思います」というのも誤っています。会員サイトなので、ログインに使うメールアドレスやパスワードの保存は必須です。その時点で個人情報を扱うことは避けられませんから、生年月日だけを特別視するのはお門違いです。

どうしても保存したくないなら、西暦だけにして月日は入力させない方法もあります。いずれにせよ、「個人情報を保存すること」を避けるよりも「個人情報を流出させないために、いかにセキュリティを守るか」の対策を考えるほうが、エンジニアとして正しい思考といえます。

第6章

面接に役立つ、採用側が知っておきたい「サーバサイド技術力」の確認方法

6-1

即戦力を求めるならデータベースに加えて「サーバサイド」のスキルも必須

前章では、即戦力のエンジニアを見極めるにあたり、データベースの知見を確かめるのが有効であると述べました。しかし、あらゆるＩＴシステムは、データベース単体で動くわけではありません。

データベースは「データを保存しておくための倉庫」ですが、人間が「閲覧する」「編集する」「削除する」といった操作をするためには、データを倉庫から取り出して、適切なフォーマットに変換したり、並べ替えたり、画面に美しく表示させたりなど、「データの読み書きと加工の操作」が欠かせません。

このような処理を担うのが「サーバサイド」です。**サーバサイドは、データベース（倉庫）とブラウザまたはアプリ（画面）の橋渡しをする作業員のような存在です。**他にも、ネットショップで「お申し込み完了メールを送信する」などの処理もサーバサイドの仕事です。

データは、ただデータベースに蓄積するだけでは意味がありません。**溜まったデータを人間が目で見て解釈し、人生に役立つ思考や行動につなげること。それがＩＴシステムの価値なのです。**一般に「サーバサイドエンジニア」と呼ばれる人たちは、データベースの構造を理解しているのはもちろんのこと、データの「参照」「追加」「修正」「削除」といった命令を、プログラミング言語にて自由自在に操れるスキルを持っています。このスキルがあるからこそ、例えば、ネットショップを運営するために必須な、「商品を登録する」「商品の在庫数を変更する」「売り切れた商品を削除する」「売り上げの一覧を表示する」などの機能を作れるわけです。

私たちが普段、パソコンやスマートフォンで使っている、あらゆるウェブサービスやアプリケーションは、その多くが「データベース」と「サーバサイド」の連携で稼働しています。サーバのデータを見るのは、パソコンならブラウザ、スマートフォンならアプリですが、表示手段がどうであれ、その本質は変わりません。ですから、エンジニアを採用してなんらかのサービスを立ち上げたいのならば、データベースに加えてサーバサイドの知見も欠かせないのです。

6-2 ＨＴＴＰの基礎知識と実務経験を確認する質問

質問例

あるウェブサイトのページに、本来ならアクセスできるはずのユーザがアクセスしたところ、「403 Forbidden」と表示されました。原因として何を疑いますか?

解説

ＨＴＴＰは、インターネットで使われる通信規約であり、ＩＴエンジニアなら誰もが知っている必須のルールです。ＨＴＴＰには「ステータスコード」という3桁の数字があります。例えば、通信が正常に完了した時は２００です。エラーが発生した時は、その原因によって５００や５０３になります。

サーバサイドエンジニアは、プログラミング作業において「正常にページが表示されること」はもちろん「なんらかのエラーが発生した場合にどうするか」も考慮しながら開発を進めます。そのため、ステータスコードを理解し「何番が発生したら、原因はなんなのか」を日常的に意識しています。

その中でも403は、開発中によく遭遇する、おなじみのステータスコードです。403は「Forbidden＝禁じられている」を意味します。実務経験がなくても「禁止されているページにアクセスしたら表示される」といった程度なら推測で回答できます。

ですから冒頭の質問のあとに、「具体的にどのようにページへのアクセスを禁止する・しないの設定を変更して、解決しますか」のように、深追いして質問しましょう。

次のような回答なら合格ラインです。

- chmod（チェンジモッド）コマンドで、ファイルやディレクトリのアクセス権限（パーミッション）を変更します
- apache（アパッチ）や nginx（エンジンエックス）の設定（コンフィグ）ファイルでアクセス可否を設定します
- SELinux（エスイーリナックス）など、OSの通信セキュリティの設定を確認して変更します

HTTPの代表的なステータスコード

番号	名称	内容	状況
200	OK	成功	正常に動作している
400	Bad Request	リクエストが不正	リクエストの内容に間違いがあり処理できない
401	Unauthorized	認証が必要	アクセスにはパスワード認証が必要である
403	Forbidden	アクセス禁止	アクセスが禁止されている
404	Not Found	ページが見つからない	削除された存在しないページを見ようとしている
500	Internal Server Error	サーバ内部エラー	サーバサイドのプログラムにバグがあり動かない
503	Service Unavailable	サービス利用不可	アクセスが殺到してサーバが落ちた
504	Gateway Timeout	ゲートウェイタイムアウト	応答が返ってこないためタイムアウトした

6-3
SQLインジェクションの危険があるソースコードを指摘できるかを確かめる質問

質問例

サーバサイドからデータベースへSQLを発行するために、次のようなプログラムを書きました。問題点を指摘して、対策を述べてください。

```
$sql = 'SELECT * FROM users WHERE id =' + $id
```

※ここで$sqlと$idは変数です。+は文字列を連結します。

解説

SQLは、データベースにデータを出し入れするための命令（を書くためのプログラム言語）です。営業職やマーケティング担当者でも「SQLを学びたい」という人は増えています。理由は「社内に蓄積されたデータを統計・分析するのに役立つから」です。

なんらかの商品を販売している会社であれば「いつ、どんな顧客が、何を、いくらで購入したか」というデータは、社内に蓄積されていることでしょう。データベースを使えば、ＳＱＬで簡単に、このような過去のデータを一覧表示できます。ＳＱＬを使いこなせれば「昨年の同時期に売れた商品は、主に30代の女性が購入している」などの傾向がわかりますので、新商品の開発や仕入れ、広告の施策に役立ちます。

サーバサイドの処理は、データベースから取り出した文字列を画面に表示させたり、逆に画面から入力されたテキスト情報をデータベースに保存したり、といった操作を実行します。「SELECT」というＳＱＬは、データベースから任意の文字列を取り出す命令です。ＳＱＬの中では最も基本的な命令であり、エンジニアなら誰もが知っていて当たり前のレベルです。次のように使います。

> 例：ユーザＩＤが３であるユーザの情報だけを取り出す
> SELECT * FROM users WHERE id = 3

会員制サイトなどで、ログインすると「ようこそ〇〇さん」と表示されたりします。あの仕組みは、会員の名前がデータベースに保存されており、ログイン時にユーザIDをキーとして、会員の名前を「SELECT」で取り出すことで実現しています。

ここで、次のように書くと、データベースに保存されているユーザ全員の情報を一括で取り出せます。

例：データベースに保存されているすべてのユーザ情報を取り出す

```
SELECT * FROM users WHERE TRUE
```

さて、質問として冒頭に挙げた、

```
$sql = 'SELECT * FROM users WHERE id =' + $id
```

ですが、重大な問題を含んでいます。それは「他人（自分以外のユーザ）の情報が勝手に参照できてしまう可能性がある」というものです。会員制サイトでは、ログインした本人の情報を、本人が閲覧するのは問題ありません。しかし、他人の会員情報（メールアドレスやパスワードなど）を勝手に見ることは許されません。

ですが、ここで挙げたＳＱＬだと、プログラムの書き方に穴があった場合、次のような命令が実行されてしまうリスクがあるのです。

SELECT * FROM users WHERE id = 3 OR TRUE

詳しい説明は省きますが、この命令を実行すると「すべてのユーザの、すべての情報」を取得できます。取得した情報をノーチェックで画面に表示するプログラムであり、他人のすべての会員情報が丸見えになってしまう、ということです。

これは「**SQLインジェクション**」と呼ばれ、大問題です。独学や趣味でプログラミングを始めた人がよく書いてしまう危険なソースコードです。現場で実務経験のあるベテランのエンジニアなら絶対に書きません。ですから、**相手の「プロ度合い」を確かめるのに有効な質問**です。

ちなみに、対策としては「$idの中身をチェックして、数字以外が含まれていたら弾く（SQLを実行させない）」などの処理を実装します。もしくは、最近のフレームワーク（サーバサイドのプログラム開発を簡単にするための枠組み）を適切に使えば、SQLインジェクションの攻撃リスクを回避できます。

6-4 プログラミングにおける「命名のセンス」を確認する質問

質問例

プログラミングで、次のような処理を実行する関数を新規作成します。それぞれ、どのような関数名にしますか？

①ユーザＩＤを引数《ひきすう》で受け取り「ユーザの住所」を返す関数《かんすう》
②商品の「税抜き価格」と「消費税率」を引数で受け取り「税込み価格」を返す関数
③メールアドレスを引数で受け取り「形式が異常」の場合のみtrueを返す関数

解説

趣味で我流のプログラムを書いている人の中には、「自分だけがわかりさえすれば、名前なんて適当でいい」というスタンスの人もいます。

しかし、仕事としてプログラムを書くのならば、「あとで他の人が読んでわかりやすい命名」を心がける必要があります。プログラミングでは、ある目的を達成するための処理を「**関数**」という単位で作ります。そのため、でき上がったソースコードには、複数の関数が含まれ、それぞれの関数が互いに連携してデータを処理することで、サービスを実現します。なお、「引数」とは「関数に入力するデータ」を指します。年齢を数値で入力すると生まれた年を西暦で返してくれる関数があるとすれば、年齢が引数となります。

プログラミングとは「関数を作ることの繰り返し」と言ってもよいでしょう。そこで重要になるのが「関数の名前」です。一度決めた関数名は、あとで変更するのが面倒なので、慎重に考えたいところです。しかし、考えすぎてもプログラミングが進まないので、悩ましいのです。

関数名は半角英文字で付けるので、英単語の組み合わせで決まるのですが、同じ日本語でも訳し方が複数ある場合（会社ならcompanyとcorporate）は、エンジニアによって好みが分かれ、表記が統一されない問題が起こります。「co」のように略してしまうと、computerなど他の単語との区別がつかなくなります。ですから**「あとで第三者が読んでわかりやすい命名」を意識できるエンジニアは優秀**といえます。

①ユーザーIDを引数で受け取り「ユーザの住所」を返す関数

「getAddressByUserId」（ゲット・アドレス・バイ・ユーザ・アイディー）
または単に、
「getAddress」（ゲット・アドレス）
などが正解例となります。
「getUserAddress」（ゲット・ユーザ・アドレス）
でもよいでしょう。

避けるべきは、単に、
「get」（ゲット）
とか、
「getA」（ゲット・エー）
などです。

「get」だけだと、具体的に何を取得するのかわかりませんし、他にも年齢や性別を取得する関数を作る時に名前が重複して困ります。あとは「Address」を「A」のように略すのも好ましくありません。**関数名は短さよりも「意味のわかりやすさ」を重視したほうが、可読性のよいプログラムになるので、メンテナンスが簡単になります。**

②商品の「税抜き価格」と「消費税率」を引数で受け取り「税込み価格」を返す関数

「getTaxInPrice」（ゲット・タックス・イン・プライス）
「getTaxIncludedPrice」（ゲット・タックス・インクルーデッド・プライス）
などが正解例となります。

避けるべきは、
「getPrice」
などです。

「price」だけでは「税抜き」か「税込み」の判断ができません。そのためエンジニアは「この関数から返ってきた金額に、さらに消費税を上乗せする必要があるのか、ないのか」を調べることになります。

他人が作った関数の内部処理を細かく読み解くのは時間がかかりますので、できれば「関数名を見ただけでわかる」ようにしてあげたほうが親切なのです。

③メールアドレスを引数で受け取り「形式が異常」の場合のみ「true」を返す関数

「isMailAddressFormatError」（イズ・メールアドレス・フォーマット・エラー）
「checkMailAddressFormat」（チェック・メールアドレス・フォーマット）
などが正解例となります。

避けるべきは、

「mailError」

「checkMail」

などです。


「mailError」だけでは、次のすべてに該当する可能性があり、関数名だけで処理の内容を判別できません。

- メールの送信結果がエラーになった時？

・メールのタイトルや本文のフォーマットが異常の時？
・メールアドレスの形式が間違っている時？

「checkMail」も同様です。「mail」なのか「mailAddress」なのかを明確に区別する。わずかな違いですが、その違いの積み重ねが、後々のソースコードの確認の手間を大幅に軽減させるのです。

6-5 サーバOSの基本操作スキルを確かめる質問

質問例

あなたがよく使う、頻度の高いLinuxコマンドを5つ教えてください。

解説

Linuxとは、OSの名称です。プログラムの規模を問わず、ウェブサービスやアプリケーションの開発では必ず使うので、エンジニアのスキルとして「Linuxを扱えること」は必須条件となります。

一般的にOSといえば、WindowsやMacが知られています。他にも、iPhoneのiOSや、AndroidもOSです。

OSは、ハードウェアとアプリケーションの狭間に立って、データのやり取りを仲介し、便利な機能を提供します。私たちがパソコンを使うにあたり「フォルダ（ディレクトリとも呼ぶ）を作成する」とか「ファイル名を変更する」などの操作ができるのはOSのお陰です。

Linuxにも、そのような機能が豊富にあります。私たちは普段、マウスやタッチパネルでOSを操作しますが、Linuxは「コマンド」と呼ばれる、短い命令文で操作します。文字列をキーボードから入力してOSを動かすのです。

例えばWindowsならば、フォルダの新規作成は「右クリックして、フォルダの新規作成を選ぶ」といった操作になりますが、Linuxでは、mkdir（メイク・ディレクトリ）という文字を打ち込んで、フォルダを新規作成します（フォルダとディレクトリは同じ意味です）。この「mkdir」が「Linuxコマンド」です。

Linuxを操作するためには、Linuxコマンドを使うことが必須ですから、「そのエンジニアが、どの程度、Linuxを操作できるか」を確かめたければ、具体的にどんなコマンドを知っているか質問すればいいのです。

「エンジニアなら最低限知っておくべきコマンド」を知らない、ということはLinuxを日常的に操作していない（つまり実務を経験していない）ということです。コマンドはOSとの対話です。人間でいえばあいさつのような言葉ですから、毎日使っていれば暗記し

■ファイル操作系のコマンド例

コマンド	読み方	機能
vi（vim）	ブイアイ（ヴィム）	テキストエディタを起動する
cat	キャット	ファイルの内容を表示する
less	レス	ファイルの内容を表示する
tail	テイル	ファイルの内容を表示する
cp	シーピー（コピー）	ファイルを複製する
mv	エムブイ（ムーブ）	ファイルを移動する
rm	アールエム（リムーブ）	ファイルを削除する

※ファイルの内容を表示するコマンドは複数存在し、細かい機能の差はありますが、どれを使っても目的は達成できるので優劣はありません。

■フォルダ（ディレクトリ）操作系のコマンド例

コマンド	読み方	機能
mkdir	メイクディレクトリ	ディレクトリを新規作成する
pwd	ピーダブリュディー	現在のディレクトリを表示する
cd	チェンジディレクトリ	別のディレクトリに移動する
ls	エルエス	ディレクトリ内のファイル一覧を表示する

■検索系のコマンド例

コマンド	読み方	機能
grep	グレップ	ある文字列を含むファイルを探して一覧表示する
find	ファインド	ファイルがどのディレクトリに保存されているか探す

■その他、よく使うコマンド

コマンド	読み方	機能
chmod	チェンジモッド	ファイルやディレクトリへのアクセス権限を設定する
diff	ディフ	2つのファイルの差分を表示する
sudo	スドゥ	別のユーザ（管理者など）でコマンドを実行する
ping	ピング	ネットワーク機器の疎通状況を確認する

て当然です。

少なくとも「Linuxのコマンドは打ったことがありません」というエンジニアなら、採用を控えたほうが無難でしょう。代表的なコマンドは前ページに挙げた通りです。

ここで挙げたコマンドはすべて、開発するアプリケーションのジャンルに関係なく共通です。プログラミング言語の種類（PHP、Ruby、Javaなど）にも依存しません。ですから、ほぼ間違いなく、相手の回答には、これらのうち1つ以上のコマンドが含まれるでしょう。

第7章

仕事への姿勢を見極める面接テッパン質問集

7-1

難しい専門技術をわかりやすく説明できるかを確認する質問

質問例

Google Chrome（グーグル・クローム）について、この言葉を初めて聞いた人にもわかるように説明していただけますか？

解説

「質問者がＩＴ技術に詳しくない」という前提で、ある技術用語に関する説明を求めるのは、相手の会話能力を確かめるのに効果的です。

この場合の望ましい回答例は、「インターネットのホームページをパソコンやスマートフォンに表示するためのアプリケーションです」といったものでしょう。

エンジニアは、開発を進めるために、企画部と仕様を詰めたり、営業部と数字の調整をしたり、デザイナーと意見を統一したりなど、エンジニア以外のメンバーと会話しなければなりません。その際「わかりやすく説明する技術」が問われます。難しいことを簡単に説明できるスキルは、仕事を円滑に進めるために必要不可欠です。質問する用語はなんでも構いません。その時にあなたが興味のあるキーワードをいくつか準備しておきましょう。この際、エンジニアの説明を聞きながら、次の2点を確認してください。

①専門用語を羅列し過ぎていないか？

「Google Chromeとは何ですか」という質問に対して、「Googleが開発したブラウザで、HTMLレンダリングエンジンにBlinkを採用しています」といきなり答えるのは、相手に配慮した回答とはいえません。このレベルの質問をしてくる相手（IT初心者）に対して「ブラウザ」「HTML」「レンダリング」「Blink」という言葉が、すべて専門用語に聞こえる可能性を考慮するべきでしょう。

最適な回答としては、まずは先ほどの回答例のように簡潔に答えたうえで、「他のブラウザとはどう違うのですか」といった追加の質問が出てきたら「画面描写の中枢であるレンダリングエンジンと呼ばれる機能が異なります」のような深い内容の回答をする、そのような会話のキャッチボールができていれば問題ありません。

専門用語を多用するエンジニアは一見、優秀なように見えますが、ここでは技術知識の深さではなくコミュニケーションのスキルを確認してください。

②説明の内容がズレていないか？

「ブラウザとは何か？」を説明してほしいのに、

「ブラウザというのは、かつてIE（Internet Explorer）が主流だったんですが、エンジニアは皆、IEが嫌いなんですよ。なぜなら、仕様通りのＨＴＭＬやＣＳＳを書いても正しく表示されなかったり、JavaScriptがまともに動かなかったり。ですからフロントエンドの開発では苦労させられました。あるプロジェクトでは、古いバージョンのIEで画面が崩れて、それを修正するために徹夜で作業して……」

といったように、話がズレていくケースは、コミュニケーション能力に不安が残ります。そのエンジニアが「聞かれたことに答えているか」と「要点を短く簡潔に説明できているか」を最低限クリアできていなければ、採用は見送ったほうが無難でしょう。

7-2

優秀なエンジニアは常に新技術への興味を持っている

質問例

今、一番注目している新技術は何ですか？

解説

この質問は、エンジニアの「日々の技術動向への関心の高さ」をチェックするのに有効です。IT業界で働くことに喜びを感じ、新しい技術への興味が高い人であれば、「〇〇（技術用語）です。ベースの部分をしっかり理解するように心がけています」といったようにすぐに具体的な回答をするでしょう。「特にありません」という回答は論外です。日常的に最新情報を集めているならば即答できるはずです。

また、新技術に関して大切なのは、あらゆる技術に共通して求められる「根幹の概念」

を理解しているかどうかです。例えば、ウェブの技術として古くから使われている「JavaScript（ジャバスクリプト）」という技術があります。その延長上に「React（リアクト）」や「Angular（アンギュラ）」などの新しい技術が生まれているのですが、これらはすべて本質的に「JavaScript」です。よって、ベースの技術、つまり「JavaScriptとはなんなのか」をしっかりと理解することが新技術の早期習得につながります。

料理でたとえるなら、「醤油ベースの新しい調味料」に惑わされる前に、まずは「醤油自体の味を極める」ことが大切なのです。

したがって、「○○は新しい技術ですが、本質的には△△の延長上にあるので、△△の部分をしっかり理解するように心がけています」といった回答ができれば優秀といえます。

専門用語を並べるだけではダメ

単に最新の専門用語を並べ立てる回答をしてきた場合は「それって、つまりなんですか」と聞き返してみましょう。相手が本質をわかりやすく答えられるなら、ベースをしっかり理解しているということです。逆に「実は私もよくわかっていません」といった逃げの回答なら、それほど深い興味は抱いていないのでしょう。

ちなみに「ＡＩ」「ＩｏＴ」「フィンテック」など、電車の中吊り広告で見かけるようなバズワードだけを答えても、それは概念であり新技術ではありませんので惑わされないように注意してください。

答えるなら、「フィンテックに興味があります。金融機関のデータを外部のサービスと連携することが増えるので、高速で安全なＡＰＩの実装が求められると考えています。どの言語が実装のデファクトスタンダードになるのか、海外のサイトなどを調べています」というように、具体的な技術論まで落としこんで会話できることが望ましいです。

7-3
仕事でつまずいた時の「対応の速さ」を確かめる質問

質問例

開発中に、自分だけでは解決できない問題につまずいたらどうしますか？

解説

技術職に限った話ではありませんが、エンジニアの仕事は「毎日がつまずきの連続」です。それを乗り越えることでよいサービスが生まれ、自身も成長していきます。「ある程度調べてからわからなければ、周りのエンジニアに聞きます」というように、**自分のわからない部分は他人の力を借りてでも知ろうとする人は、より伸びていきます**。「私はつまずいたことがない」という回答は、ウソであるか「単に仕事をしていない」だけなのかもしれません。

自分で解決しようとする姿勢はどう評価する？

では、「自分で解決できるまで、あきらめずに調べます。周りに迷惑はかけません」という回答はどうでしょう。これは、そのエンジニアの経験年数によります。

ＩＴ業界で20年以上の経験がある40歳過ぎのベテラン（医者なら院長としてクリニックを開業できるレベル）で、職場に自分より上の人がいなければ、すべて自力で解決するしかありません。実際、過去の分厚い経験があるので、自分で調べてもなんとかなるものです。

一方で、入社3年未満の新人エンジニア（医者でいえば研修医レベル）の場合、「毎日わからないことだらけ」なのが当たり前ですから、先に紹介した回答例のように、いかにして「謙虚な姿勢で先輩に教えを請うか」が明暗を分けます。自分で悩んで1日かけて解決できないバグでも、先輩に聞けば1分で解決することもあるからです。エンジニアに人件費を払っている経営者から見たら、本人のプライドよりも「チーム力を活用した時短」が優先されます。

余談ですが、私の周りで「3年続かずに辞めていったエンジニア」の多くは、若いのにプライドが高くて、素直に「教えてください」と質問できない性格の持ち主でした。「なんでも自分で解決することが正しい」と思い込んでいる若手は要注意です。

一方で、開業医レベルのベテランが「周りに教えてもらわないと仕事が進みません」というタイプなら、それはまた心配の種です。チームプレーは重要なのですが、むしろベテランは「新人に教える立場」ですから、その姿勢が見て取れないと、戦力としては厳しいでしょう。

7-4

エンジニアに限らず読書好きは柔軟性が高い

質問例

最近読んだ本で印象に残っているものを教えてください。

解説

ビジネス書や技術書を問わず、日常的に本を読む習慣があるエンジニアは地に足がついており、周りの意見を聞く謙虚な姿勢の持ち主であることが多いです。「『〇〇』です」と具体的な書籍名とその内容をきちんと答えられるのであれば、問題ありません。逆に「文章を読むのが嫌い」というエンジニアは、プログラミングに必要なドキュメントの解読力にも疑問が残るので要注意です。

エンジニアに限らず、多読家はさまざまな意見を吸収しているので、幅広い視野で物事を捉え、仕事への柔軟性が高いといえるでしょう。ですから「あまり本を読む時間がないので、特にありません」といった回答は心配です。

また「本よりもネットで調べることが多いです」と答えるようなら、そもそも「回答の軸が外れている」ので、「何を聞かれたかわかっているか」という観点で不安が残ります。このような回答をするエンジニアは、仕事上のトラブルに遭遇した際も、その本質から外れた議論で周囲の時間を浪費する可能性が高いため、注意してください。

ちなみに「本当に読んだのか」を確かめたければ「どんな内容でしたか」とか「印象に残っているフレーズはありますか」などと聞いてみましょう。即答できるようなら、しっかり読み込んで吸収できている証拠です。答えに詰まるようならば、おそらく流し読みか、または「タイトルだけは知っている」レベルでしょう。

技術書以外にどんな本を読んでるか

具体的にどんな本を読んでいると仕事に役立つのかについては、専門技術の書籍に加えて、「経営・マネジメント系」や「営業・マーケティング系」を日常的に読んでいるエンジニアは、非常に期待できます。ウェブサイトやアプリケーションでお金を稼ぐためには、「1人でも多くの人に使ってもらうこと」が必要だからです。それには営業やマーケティングの知識、具体的には、効果的なネット広告の活用や集客、アクセスアップの手法の知識が欠かせません。

「自分たちが開発したプロダクトを、より多くの人に使ってもらい、喜んでほしい」という意識が高いエンジニアなら、営業やマーケティングにも自然と興味が湧くものです。

個人的にブログやアフィリエイトで副業しているエンジニアも、やはり本などで知識を増やし、アクセスを増やすことに躍起です。その知識と経験は、業種を問わず、あらゆるビジネスに役立つことでしょう。

7-5

謙虚さや前向きさなど仕事へ取り組む姿勢を確かめる質問

質問例

不得意な分野を教えてください。

解説

自分を実力以上に良く見せようとしていないか、つまり「背伸びしていないか」を確かめたければ、この質問が有効です。背伸びしていると、つい「特にありません」と答えてしまうからです。「○○が不得意なので、参考書を読んだり、実際に自分で動かしたりしています」といった回答なら、自分の能力を客観的に判定できている証拠です。

「不得意な分野が存在しないエンジニア」など存在しないと言ってよいでしょう。ＩＴの世界は広すぎて、今この瞬間も膨れ上がっており、一人の人間が一生かけても絶対に全領域はカバーできないからです。

優秀なエンジニアほど「自分に足りないスキル」を常に意識しており、知ったかぶりはしません。学習に貪欲で「ＩＴは奥が深く、知らないことが山ほどある」と思っています。優秀なエンジニアは、常に「自分の課題がなんなのか」を考えており、成長意欲が高いので、不得意な技術分野を具体的かつ明確に答えられるのです。

逆に「なんでもできます」と答えるエンジニアがいたら、それは避けるべき人材でしょう。視野が狭く、現状に満足し、自分は有能だと思っている、とても危険な考え方の持ち主である可能性があるからです。

向上心を持っているのかを確かめる

また、「不得意を克服するために、どのような行動をしているか」も大切です。不得意を克服する方法としては、技術書を読むなどに加えて、「実際に手を動かしてみる」のが効果的です。例えば、フロントエンドエンジニアが、データベースを不得意だと感じているケースで考えてみましょう。

「自分でゼロからデータベースをインストールして、テスト用のデータを作り、ＳＱＬを書いて、いろいろ試しています」という行動派なら、今後いかなる壁にぶつかっても自力で乗り越えられます。現時点で「できないこと」でも、それが「できるようになる」のは時間の問題ですから、心配ありません。

優秀なエンジニアは「会社の業務で習得できるスキルだけでは範囲が狭すぎる」ことを知っています。ですから、普段の仕事では踏み込まない領域について、土日などの空いた時間を使って自主的にトライします。そのような生活を5年、10年と続けることで、多くの技術を持つフルスタックエンジニアとして通用する実力が身に付いていくのです。

7-6 過去の開発現場で成果を出してきたかを確認する質問

質問例

仕事をしていてどんな時に喜びを感じますか?

解説

これまでの業務で「満足のいく結果」を出してきたエンジニアは、そのたびに喜びを感じてきたことでしょう。「自分の成長を実感できた時」や「職場の仲間に喜んでもらえた時」などが経験談として話せるなら、あなたの会社に入社しても同様に成果を上げてくれます。

この質問はそして何より、**「エンジニアという職業を楽しんでいるか」を測る指標になります。**

ＩＴ業界では、必ずしもすべてのエンジニアが「好きでプログラミングをやっている」わけではありません。なかには「他に就職先がなかった」とか「取り急ぎ稼げそうだと思った」などの動機でエンジニアを嫌々続けている人もいます。

私もそのような人をたくさん見てきました。いつも不機嫌で、難しい作業から逃げることばかり考え、うまくいかないと他人のせいにする――そんな残念な働き方をしている人が数多くいました。一方で、プログラミングが好きで、技術の探求に熱心で、思い通りに動いた時の喜びを誰よりも知っている――そんなエンジニアも数えきれないくらいいます。このような人は、周りにもよい影響を与えますし、職場を明るくしていきます。

「お客様に喜んでもらえた時」というのも重要ですが、すべてのエンジニアが、お客様の声を直接聞けるわけではありません。プログラミングのみを担当しているエンジニアは、客先への訪問やクレーム対応などを自分でやらないからです。営業担当者やヘルプデスクから間接的にお客様の意見を聞くことはあるでしょうが、それでは喜びも感動も半減してしまうでしょう。

それに対して、「困っている同僚を助けて感謝された」などの体験は、感謝の気持ちがダイレクトに伝わりますから、その分、喜びも大きなものになります。「同僚を助ける」という取り組み自体が、職場で良好な人間関係を構築できていた証にもなるでしょう。

第8章

「正社員」「フリーランス」「アウトソーシング」の上手な使い分け方

8-1

「正社員」「フリーランス」「アウトソーシング」それぞれの特徴と注意点

エンジニアの雇用形態は、大きく「正社員」「フリーランス」「アウトソーシング」の3つに分けられます。「フリーランス」は、派遣や契約社員に置き換えても構いません。アウトソーシングは、受託会社に発注する方法や、クラウドソーシング（インターネットを介して不特定多数の作業者に発注できるサービス）を使う方法があります。それぞれの特徴と注意点を簡単にまとめると、次のようになります。

正社員に仕事を依頼する際の注意点

正社員は一度雇ったら事実上、解雇不可能なので、リスクを考えて慎重に選ばざるを得ません。そのため、採用決定までに時間がかかります。

技術力のみならず、人間性や将来性など、多方面からの見極めが必要になり、採用者の手腕が問われます。不幸にも使えないエンジニアを選んだら、長期的な負債を抱えることになります。もちろん、**幸運にも優秀なエンジニアを正社員として確保できたなら、長期的に会社へ貢献してくれる可能性が高く、経営の根幹にかかわるような重要作業も依頼できます**。その場合は、管理職への昇進も視野に入れた育成が必要となります。

フリーランスに仕事を依頼する際の注意点

フリーランスは、雇ってみて使えなければ契約を終了すればいいので、採用に慎重になる必要はありません。私の経験でも、フリーランスの採用は、初顔合わせで30分話しただけで即決されるケースもよくあります。ただし、初回は単月契約になることが多いので、最悪、1カ月使ってみてダメなら終わり、ということです。

フリーランスは即戦力を売りとして時価で勝負しているので、スキルが高くて経験豊富なエンジニアが見つかりやすいです。その反面、エンジニア自身がその職場を嫌ってしまったら、すぐに別の案件へ乗り換えてしまいます。ですから、長期的な視野で育成する必要はありません。

情報機密の観点で、経営の根幹にかかわる作業を振ることも難しいでしょう。ですから、**作るものが明確になっている開発プロジェクトにおいて、実際にプログラムを書く作業を**

任せるのが適しています。

アウトソーシングして仕事を依頼する際の注意点

アウトソーシングでもっとも難しいのは、よい業者を見つけることです。安ければよい、という単純な話でもありません。「なんでもできます」や「他社より格安で」という回答は、見積もりが甘すぎる可能性が高く、納期が遅れる、または品質が粗悪などのトラブルに発展しやすいのです。

発注側に求められるスキルとしては、**業者が出してきた見積もり金額と納期の妥当性を見極める目利き力**です。同業者（似たような開発の経験があるエンジニア）から見たら、べらぼうに高い、もしくは安すぎるといった、怪しい見積もりはすぐにわかるのですが、技術的な議論ができないと「そういうものなのか」と納得し、発注してしまったあとで、揉めることも少なくありません。

それぞれの雇用形態の特徴

観点	正社員	フリーランス	アウトソーシング
採用の慎重さ	必要	不要	不要
潜在リスク	事実上、解雇不可能	他社への乗り換え	金額と納期の妥当性
契約期間の目安	長期（５年〜）	中期（半年〜３年）	短期（〜１年）
管理職候補	可能	不可能	不可能

以上のように、それぞれ一長一短あります。まずは「エンジニアを雇って、具体的にどんな仕事を担当してほしいのか」を明確にしましょう。そのうえで、最適な雇用形態を選ぶことが大切です。

8-2

「仕様検討」は正社員
「実装」はフリーランス
「テスト」はアウトソーシング

作りたいものがウェブサービスであれ、スマートフォンのアプリであれ、または社内の業務管理ソフトウェアであれ、開発工程は大きく「仕様検討」「実装」「テスト」の3段階に分けられます。それぞれどのようなエンジニアに頼めばいいのか、考えてみましょう。

開発工程①：「仕様検討」の仕事は正社員に

この工程は、正社員に担当させるのが適しています。「会社の方向性に共感していること」が求められるからです。仕様検討では「何を作るのか」「どんな機能を持たせるか」「デザインはどうするか」などを具体的に決めます。

例えば「ネット通販サイト」を作る場合で考えてみましょう。アマゾンや楽天と同じ機能をすべて作るのはコスト的に不可能ですから、限られた予算内で、どこまで作り、どこを妥協するかを決める必要があります。「クレジットカード決済機能は必須だが、取り急ぎ、VISAとマスターカードのみ使えればOK」などです。サイトのメインカラーを何色にするか、商品のレイアウトや各種ボタンの配置をどうするか、なども考えなければなりません。

肝心なのは**「作ろうとしているものが、会社のミッションや方向性に合致しているか」の判断**です。仮に「オンラインよりオフライン（人間同士が直接触れ合う）のコミュニケーションが重要だ」というミッションを掲げている会社なら、ネット通販サイトを始めるのは矛盾している感じが否めません。単に「儲かりそうだから」とか「上司から命令されたから」ではなく、「本当に、この会社に必要なものだろうか」という観点が求められます。

開発工程②：「実装」の仕事はフリーランスに

この工程は、プログラミングで食べているフリーランスが適しています。実装では、決められた仕様を、具体的にどうやって作るのか考えて、実際に行動します。例えば、ネット通販で必須な「クレジットカード決済」を実現するためには、その仕組みを提供している決済会社と、プログラムで連携する必要があります。ですから、どの決済会社を使うのかを決めなければなりません。そして、その決済会社が提供しているAPI（プログラムが連携するためのインタフェース）の仕様を確認し、それに合わせて動くようにソースコードを書いていきます。

この工程において、「なぜクレジットカード決済が必要なのですか」といった質問はタブーです。それは仕様検討会議で決まったことであり、この工程では、いかにして実現するかにフォーカスしなければなりません。**会社のミッションや方向性には共感していなくても、「求められたものを忠実に開発する姿勢」が重要なので、フリーランスが向いているのです。**

開発工程③：「テスト」の仕事はアウトソーシング

この工程は、アウトソーシングで発注するのが適しています。テストでは、作ったプログラムが仕様通りに正しく動作するかを確認します。ネット通販サイトを作る場合で考えれば、実際にクレジットカード番号を入力して商品が購入できることを確かめたりする工程です。「間違えた（適当な）番号を入力したらエラーになるか」など、正常ではない操作もすべてテストします。

仮に「デタラメな番号を入力しても購入できた」としたら、それはバグなので修正しなければリリースできません。したがって、テストで見つかった不具合はエンジニアに伝え

作業ごとの適した人材

開発工程	作業内容	適任
1.　仕様検討	何をどんな機能で作るのか決める	正社員
2.　実装	プログラミングする。ソースコードを書く	フリーランス
3.　テスト	問題なく動作するか確認する。問題なければリリースする	アウトソーシング

られ、実装者が原因を調査して修正します。

テストをする作業者は「実装者とは別の人」であることが望ましいです。なぜなら、実装した本人は「バグはないはず」という思い込みでテストするため、チェックが甘くなるからです。アウトソーシングして、第三者に客観的な視点でテストしてもらったほうが、バグは見つかりやすいのです。

以上の通り、開発工程に応じて、最適な雇用形態を使い分ける方法もあります。

ですが、複数のエンジニアや業者を確保する資金的な余裕がない場合、上記の3工程をすべて1人でこなせるエンジニアを、なんとか正社員で採用できるように尽力してください。

8-3 即戦力エンジニアの人件費の相場は月額80万円以上

首都圏で正社員としてＩＴエンジニアを雇う場合、人件費の相場はおおよそ、次の通りです。

正社員エンジニアの年収相場

- 新卒〜3年目：年収300〜400万円（月給25〜33万円）
- 3年〜5年目：年収400〜550万円（月給33〜46万円）
- 5年〜10年目：年収550〜700万円（月給46〜58万円）
- 10年以上：年収700〜1000万円（月給58〜83万円）
- 20年以上：年収1000万円〜（月給83万円〜）

ここで挙げたのは、エンジニア本人が受け取る金額であり、残業代、ボーナス込みです。1人で幅広く対応できるフルスタックエンジニアを期待するなら、10年以上のベテランが必要になります。

仮に年収800万円で社員として採用できた場合、本人が受け取る金額は月額にすれば約67万円ですが、会社として支払う総額は、それ以上になります。社会保険料、有給休暇、福利厚生、退職金の積立なども考慮すれば、月にプラス15万円以上は見ておく必要があるでしょう。そのため、年収800万円の社員を採用した場合、会社負担の総額は月額80万円を超えるのが一般的です。

正社員ではなくフリーランスの場合も同額です。ネットで「フリーランスエンジニア案件」と検索すれば大量に出てきますが、フリーランスの月額相場は70～90万円です。これはエンジニア本人の口座に振り込まれる金額であり、エージェント（仲介業者）を使う場合はさらに10％程度を毎月上乗せして払います。

もっとも悩ましいのは、獲得したエンジニアが期待通りの結果を出してくれる保証はない、ということです。「使えなければクビにすればいい」のがフリーランスのメリットですが、もっとよいエンジニアを新たに探すとなればコストがかかりますし、そもそも見つかる保証もありません。

以上の通り、エンジニアを採用する心構えとしては、①「正社員でもフリーランスでも、エンジニアの単価は安くない」、②「スキルの見極めが難しく、採用の費用対効果が計算しづらい」、③「経験が浅いエンジニアだと、教育や人員追加のコストが増えるので、結局お金がかかる」という3点を意識しておきましょう。

8-4

効率よく仕事を回したいのであれば人件費の高いエンジニアを雇う

毎月、人件費として合計１００万円をエンジニアに支払うとしたら、次のどちらを選びますか。

・月額50万円のエンジニアを２名雇う
・月額１００万円のエンジニアを１名雇う

望ましい選択は後者です。理由は３つあります。

①幅広い対応力を持つフルスタックエンジニアは安い人件費では雇えない

小規模な会社やスタートアップでは、何が起こるかわからないので「幅広い対応力」を持つ人材、つまり「専門店」よりも「デパート」が求められます。医者でいえば「救命救急医」です。深い専門スキルよりも、取り急ぎ「患者を死なせない最低限の処置を、幅広く柔軟にできるか」が問われます。

ウェブサービスの場合なら、「デザイン100点、でも全く動かない」では話になりません。「デザイン50点で、たまに止まるけどそれなりに動く」ほうが、サービスとしては実用的です。

フロントエンドエンジニアを雇えば、デザイン性に優れたウェブサイトやアプリケーションを開発することは可能でしょう。しかし、サーバサイドやインフラをしっかり構築しなければ、そもそも動作しないので、サービスとして成立しないのです。逆に、サーバサイドやインフラだけが稼働しても、それはいわば「エンジンしか取り柄がないクルマ」であり、見た目がダサすぎて誰も買いません。

それらのバランスを取るためには、**外観も性能も、完璧でなくとも柔軟に対応できることが望ましく、それがフルスタックエンジニアなのです。**フルスタックエンジニアなら、システムの障害発生時でも、なんとか調査できますが、フロントエンドエンジニアしかいないと「私はフロント担当なので、サーバサイドやインフラのことはわかりません」となり、サービスを停止させてしまうことになりかねません。

このようなフルスタックエンジニアを雇いたいなら、月額50万円では厳しいのが実情なのです。

②エンジニアの数と開発効率は比例しない

ITの開発では**「エンジニアの人数を2倍にしても開発効率は2倍にならない」**という常識があります。意見の調整にコストがかかるからです。

1人で開発するなら問題ないことでも、2人以上になると摩擦が生じます。これはエンジニアの仕事に限りません。例えば、あなたが会社で20ページの文書を作成する時、自分1人で20ページ書くのと、2人で10ページずつ書くのと、10人で2ページずつ書くのとでは、どれが最速でしょうか。

雑誌のコラム集のように、各ページの内容が独立しており、分担を決めるのが容易なら、多人数のほうが速いでしょう。しかし推理小説のような、一貫性と順序が重視される文章なら、1人で全ページを書いたほうがスムーズです。複数人で小説を書くと、あとでマージする（統合する）のが大変だからです。伏線やオチを、誰がどこに書くのかなど、分担を決めるのも悩みます。もし誰かが間違えてオチを先に書いてしまえば、そもそも推理小説として成立しません。

プログラミングは、推理小説よりも厄介です。それぞれの処理が常にデータをやりとりしながら密接に連携して動作するので、たった1行でも正常に動作しない処理があれば、すべてがダメになります。

そのため、「他のエンジニアが作った処理にバグがあって、それに巻き込まれて自分の開発が進まなかった」とか、「自分が作ったコードを、他の誰かが上書きして消してしまった」などのトラブルも頻発します。それが起きないように調整する会議や管理業務も増えるので、プロジェクトマネジャーが必要になり、人件費がさらに増えます。

つまり**「1人で開発すれば10カ月かかる仕事」を「2人で開発すれば5カ月で終わるか」と考えたとき、そう単純な話ではない、ということです。**

③フルスタックエンジニアの生産性は極めて高い

フルスタックエンジニアは、新卒エンジニアの10倍を超える生産性を出せます。場合によっては100倍を超えることもあります。大げさではありません。それができる理由は2つあります。

1つは**「自動化による単純作業からの解放」**です。ITはコンピュータを使うので、アイデア次第で「手作業で1日かけていた仕事を1分で終わらせる」ことも簡単なのです。例えば「自動返信メール」などはその典型でしょう。ネットショップで、注文が入ると自動的に返信する。その仕組みがなければ、ショップの店員が常にメールボックスをチェックして、手動で返さなければなりません。1日に数百、数千と注文が入るショップなら、返信作業だけで1日が終わってしまうことでしょう。フルスタックエンジニアなら、このような効率化できる業務がどのようなものなのか、すぐに発見することができ、かつ実装の方法を知っています。

そしてもう1つは**「ＩＴは過去の経験差で作業スピードが桁違いに変わる」**からです。ある会社で、未経験者が独学でゼロから開発環境を構築した際、1カ月かかったといいます。一方、フルスタックエンジニアなら、開発環境の構築は1日か、長くても2～3日あれば十分です。初心者が30日かかる作業を1日で終わらせたら生産性は30倍です。

費用対効果の高い仕組みを、いかに短時間で作れるか、それはエンジニアのスキル次第でピンキリなのです。だからこそ、スキルの高いエンジニアにあたった時の威力は10倍どころではないのです。

このような点を踏まえれば、「月額１００万円のエンジニアが、50万円のエンジニアの10倍の成果を出せるなら、そのほうがトクだ」という結論になります。

優秀なエンジニアは引継ぎを意識した開発をする

なお「エンジニアが1人しかいないと、病気や事故で働けなくなった時に困る」という問題は、人数を同時にたくさん確保する（予備のエンジニアを採用しておく）ことで回避するのではなく「引継ぎを意識した開発」を専任エンジニアに依頼しましょう。

経験豊富なエンジニアほど、「自分が退職して、あとから入ってきたエンジニアが、このソースコードを読んで理解できるか」を意識しながらプログラミングします。「他人が読んで理解しやすいプログラムは、自分があとで読み返しても理解しやすい」、つまりメンテナンスしやすい「よいソースコード」だからです。

逆に、経験の浅い新人エンジニアは「とりあえず動くこと」が重要であり、動きさえすれば、ソースコードが多少ぐちゃぐちゃでも構わない、と考えがちです。しかし、そのような「読みにくいソースコード」は、数週間後に自分で読み返しても「一体どこに、どんな処理が書かれているのか」がわからず、少しの修正に多大な時間がかかったりします。ですから「他のエンジニアが引き継いでも、なんとか回せるように、できるだけ読みやすいソースコードを書く」という方針こそが、少ない数のエンジニアで仕事を回すための最大の保険なのです。

8-5 「クラウドソーシングは安い」は誤解。条件を明確にしないとコストが膨張する

「クラウドソーシングなら低価格で発注できる」と考えている経営者は多いようですが、依頼したい業務の内容によっては常駐エンジニアを雇うより高コストになるので注意しましょう。次の条件を満たしていなければ、まだクラウドソーシングには手を出さないほうが無難です。

①発注側に最低限のＩＴ知識があり、現実的な依頼ができる

ＩＴの発注で重要なのは「他の業者に頼んでも、だいたい、こんなもんだろう」という勘所です。それがないと、発注先を「安価なスーパーマン」であるかのように錯覚します。いわば、中古車の値段で高級新車が買えると想定してしまうのです。その逆に、高級新車を買ったつもりが、実は中古車だったということも出てくるでしょう。相手が出してきた

見積もり（価格と納期）の妥当性を見抜けなければ、カモにされるか、逆に無茶な要求をしすぎて泥沼にハマります。

例えば、**発注時、作業範囲や価格について、「わからないので相談して決めさせてください」と切り出すのは避けましょう。**プロのエンジニアから見たら「この発注者は素人で、何もわかっていない」と判断できます。プロの仕事で「素人を相手に商談すること」がいかに面倒かは、ジャンルは違っても、専門家として仕事をしている人であればわかると思います。そんな危険な案件に、まともなエンジニアはエントリーしません。

そもそもクラウドソーシングで仕事を得ようとするエンジニアは玉石混交です。「できもしないことを、できると言い張る」というリスクのある初心者が混ざっています。もちろん、できるエンジニアが格安で売り出していることもないとはいいませんが。そのようなプロフェッショナルは既存客からリピートで仕事をもらえるので、新規案件の獲得で躍起になる必要性はないのです。紹介も多数あるので、わざわざトラブルが起こりそうな、危ない橋を渡らないのが実情でしょう。

②頻繁に仕様変更が発生せず、経過や結果が明確にジャッジできる

「何を作ってほしいのか」が明確であり、要件もすべて決まっていて文書化されている、

そんな完璧な仕様書があるなら問題ありません。

しかし、ビジネスの立ち上げ期では「まずは試しに作ってもらい、それを見ながら、あとで色々変更してほしい」というケースが多いものです。ただしエンジニアからすれば、それは「とめどなく修正作業が続くのに報酬は定額。時間がかかりすぎてコストに見合わない」仕事となります。

したがって、このようなケースが想定される場合は、「修正の内容次第では別途の費用がかかります」となるのですが、そうなると、今度は発注側が「どれだけ金がかかるのか」が見えないので不安になります。このようなトラブルに一度でも巻き込まれた経験があるなら「月額固定の常駐エンジニアのほうがよいかも」という結論に達しても不思議ではありません。

「どこまで作れば完成なのか」が見えない状況では、お互いにストレスが溜まります。エンジニアが職場に常駐しないクラウドソーシングでは、コミュニケーションの難しさによる不信感の蓄積も避けられません。あとで揉めて余計な心理的負担を抱えるぐらいなら、最初からフルタイムの常駐エンジニアを探したほうがよいでしょう。

③納品後の保守（バグ修正や障害対応）は別契約であることを理解している

ＩＴシステムは生き物であり、使い続ける限り終わりがないものです。バグや仕様変更がなくなることもありません。皆さんがお使いのスマートフォンにも定期的な「システムアップデート」があるのはそのためです。ソフトウェアは「リリース後もメンテナンスが必要」なのですが、**クラウドソーシングの多くは「納品まで」が仕事であり、納品後に発覚したバグの修正は別料金になります**。

しかしバグはいつ発覚するか予測不可能ですし、バグの発生ごとに「このバグを修正するのには何万円かかります」という見積もりをジャッジするのも手間がかかります。そのため「月額保守契約費用」を払うことで落ち着くのですが、この契約を結ぶと「バグがあってもなくても固定費がかかる」ことになります。

厄介なのは、エンジニア側が「他の仕事との兼ね合いもあり、保守契約は打ち切り（もしくは値上げ）でお願いします」と言ってきたケースです。そうなると他の業者に保守をお願いすることになるのですが、見積もりや引継ぎの調整など面倒な作業が残ります。それらを考えると、「社内の常駐エンジニアに、普段の開発とともに保守もやってもらう」ほうが効率的であるという結論になるかもしれません。

このように書くと、IT開発の経験が浅い中小企業はクラウドソーシングに手を出さないほうがいいのか、と感じるかもしれません。しかし、そのような中小企業でも、まずは常駐のエンジニアを確保し、そのエンジニアのアシスタント的な外注先として、常駐エンジニア自身にクラウドソーシングで発注させる方法なら安全です。

例えば、常駐エンジニアは開発に専念し、開発されたプログラムにバグがないか、実際に動かして確認するテストのみをクラウドソーシングに外注する、などの手法は有効でしょう。その場合、常駐エンジニアが「自分がやるなら、どれくらいの時間がかかるか」を基準に、見積もり金額の妥当性もチェックできるので安心です。

8-6 開発作業におけるクラウドソーシングの上手な使いどころ

前項では、エンジニアを見つけるにあたり、クラウドソーシングに過度な期待は禁物であると述べました。しかし、次に挙げるような作業なら、クラウドソーシングの利用も検討してよいでしょう。状況に応じてうまく使い分けることが大切です。

①テストなどの「ゴールが明確」かつ「成果が見えやすい」定量的な単純作業

ウェブサービスの運営では、リリース前のテストが欠かせません。ページの構成を変えたら「すべてのブラウザで正しく表示されることを確認する」といった作業が発生します。パソコン用、スマートフォン用、それぞれ異なりますし、スマートフォンも画面サイズはさまざまです。iPhoneとAndroidでは見え方が違ったりもします。

このようなテスト業務は、事前に作業のボリュームが見積もりやすいので、金額でモメるリスクが少ないです。ただし、テスト仕様書（具体的にいくつの項目を、いかなる観点で、どれだけの端末を使ってテストするのか）を事前に書面化しておくことが必須です。

②簡単だが「人間にしかできない」作業で定期的に発生するもの

単純作業の多くはプログラミングによって自動化できます。前述のテストも自動化すれば人間が操作する必要はなくなりますし、自動化するための各種ツールも出回っています。

しかし「写真を見て内容を判別する」といった作業は、人間の目でチェックしたほうが確実です。例えば、グルメ情報のサイトに、アダルト画像などの全く無関係な写真が掲載されていたら削除しなければなりませんが、それをプログラムで自動的に判別させるのは簡単ではありません。一方で人間ならば、「グルメ情報に無関係と思われる画像はすべて削除してください」のような曖昧な指示にも対応できます。ただしこの分野は、将来的にAIの画像判定で自動化できる可能性があります。

③ロゴやイラスト、LP（ランディングページ）の作成など単発で終わるもの

ウェブサイトやアプリでロゴ画像が必要な場合、ロゴの作成のためにデザイナーを雇うよりはクラウドソーシングに単発で発注するほうが簡単です。単発で終わる仕事なのでお

互いにゴールが見えやすく、価格帯も相場が決まっているのでモメる心配はありません。サイト内で使うイラスト画像なども同様です。

ＬＰ（ランディングページ）を作りたい場合も、文書やレイアウトなどあらかじめラフ案を自分で作成しておき、ＨＴＭＬやＣＳＳできれいに整える作業だけ依頼するなら、クラウドソーシングは便利です。

なお、ＬＰとは、新規顧客を獲得するための宣伝に特化した、チラシのような単一のページで構成されたウェブサイトのことです。ショッピングサイトなどの多機能なウェブサイトとは違い、メニューやボタンは極力、数を減らしてシンプルに作ります。検索機能もありません。

ページは縦長で、商品やサービスを宣伝するキャッチコピー、特徴、メリット、実績の訴求、お客様の声、価格、無料サンプル申し込みフォームなどで構成されます。作成にあたり、難しいプログラミングは不要なので、掲載する文言を発注者が決めてしまえば、デザインやレイアウトは外注しやすいのです。

第9章

採用後のエンジニアを正当に評価し、会社に長く居続けてもらう方法

9-1

「何が難しくて、何が簡単なのか」はエンジニア以外には判断不可能

次のような、ウェブサイトの開発作業があるとします。どちらが簡単でしょうか。

A……トップページの写真が次々とスライドする機能を作る
B……すでに作られたAのスライドする時間間隔（秒数）を変更する

カスタマイズは難しい

Bは「ちょっと修正するだけ」のような感じで、簡単に終わりそうな気がするでしょう。しかし現実は違います。ソースコードの内容にもよりますが、Bのほうが数倍難しい場合もあるのです。Aに関しては、「単に写真をスライドさせるだけ」なら、すでにライブラリ（誰かが作ったプログラムをそのまま流用できる仕組み）が存在しています。それをコ

ピペすれば実装でき、何も考えなくても、運が良ければ動きます。

本当に難しいのはカスタマイズです。Bを実現するためには、コピペしたソースコードを改造しなければなりません。ライブラリを読み解き、構造を把握し、どこを修正すればいいのか判定しなければならないのです。下手にいじると動かなくなります。わずか1行の変更を加えるために、1日の調査時間を費やすことも珍しくありません。**時に「他人が書いたソースコードを読む」のは「自分でゼロから作るより大変」なのです。**

エンジニアを信じて任せる

このような状況はエンジニアなら誰もが経験しています。ですから、例えば経営者が素人目線から、「ちょっと変えるだけだから簡単でしょ？」と言ってくると、「この人はまるでわかっていない」と失望します。つまり、**「何が簡単で、何が難しいのか」はプロにしか理解できないのです。**

社長がエンジニアでない限り「たいした修正じゃないと思うけれど、なんでそんなに時間かかるの？」などとエンジニアを責めてはいけません。１０００行のソースコードをコピペは1秒で済みますが、１０００行のソースコードの1行だけを修正するのは１０００秒以上かかるのです。純金の針１０００本のうち、1本だけ金メッキが混ざっている状態を想像してください。プロの目利きがなければ見分けがつきません。

さらに厄介なのは「1本の針を見つけるのにかかる時間」が、エンジニアによってピンキリだという現実です。優秀なエンジニアで、既存のプログラムを知り尽くしていれば、1分で見つけることも可能でしょう。しかし入社したての初級エンジニアなら、1日かけても見つけられず、余計な箇所をいじって、かえって状況を悪化させるリスクもあります。しかも、これはケースバイケースなので定量化できません。警察が犯人を捕まえる時間が予測不可能で、体系化できないのと一緒です。


結論としては、経営者や上司は技術的な議論やアドバイスができないのならば、エンジニアを信じて任せるしかありません。根性論で打ち負かそうとせず「どうすればこのエンジニアに気持ちよく働いてもらえるか」を考えましょう。

「このエンジニアは信頼に値する」と経営者が思っているのであれば、「このエンジニアが難しいと言っているのなら、本当に難しいのだろう」と解釈してください。

9-2

信頼こそが最高の評価。ＩＴ知識がないならエンジニアを信じて任せる

エンジニアを評価する側が上級エンジニアなら、部下の技術レベルの詳細を見抜けるので、論理的に評価できます。評価される側も「この上司の技術力には敵わない」と思えばこそ、厳しい指摘も受け入れられるのです。

しかし、「ＩＴ知識がない経営者」による査定の場合は、部下の専門性や技術力の程度が把握できません。部下も「プログラミングができないあなたに何がわかるのか」と反発したくなるものです。

そこで、**テクニカルな評価よりも「信頼」が重要になります**。この場合の評価とは端的に「お金」も含みますが、「この人とずっと一緒に働き続けたい」と思わせる信頼感があれば、それはエンジニアにとってはお金に代え難い魅力となります。

お金だけが「評価」ではない

優秀なエンジニアであれば、仕事はいくらでもあるし、今より報酬が高い案件を探すのは難しくありません。それでも**エンジニアが「精神的な満足感」を重視するのであれば、お金だけで他社に浮気するケースは少ないのです**。「とてつもなく儲かるけれど尊敬できない上司と働く」よりは、「生活に必要な金額が稼げて楽しみながら好きな上司と働く」ほうが幸せだと考えるエンジニアは多いからです。

給料が高くても不満があれば他社に転職するかもしれませんが、安くても本人が満足していれば辞めないものです。経営者が常にエンジニアのことを気にかけてくれる、時間と労力を使ってくれるなら、それは価値であり報酬です。

ただし、「信頼しているフリ」ではすぐに見抜かれます。「本心から信頼」していなければ伝わりませんし、会話の節々で化けの皮が剥がれます。ですから、そのエンジニアに心から敬意を払えないのであれば、本当は一緒に働き続けるべき相手ではないのかもしれません。

エンジニアに信頼を伝える言葉

一方で「信頼しているし、任せているが、開発の進捗が見えなくて不安になる」こともあるでしょう。その時は、次のようなニュアンスの言葉を使ってください。

・「○○はどんな感じですか」

「開発環境の構築はどんな感じですか」や「ユーザ登録機能はどんな感じですか」のように聞きます。ただし、「進捗はどんな感じですか」とは聞かないようにしましょう。進捗という言葉は「進捗管理」を連想させ、「管理されている」という威圧感をエンジニアに与えるからです。

進捗という言葉をあえて使わないことで「進捗がどうなのか」を聞いているわけではない、というニュアンスにします。「ユーザ登録機能の進捗はどんな感じですか」よりも「ユーザ登録機能はどんな感じですか」のほうが「あなたが作ったユーザ登録機能に興味があり、早く完成品を見せてほしい！」という期待感を伝えられます。

●「何か困っていることはありますか」

これは「お前が困っているならオレ様が助けてやろう」という上から目線ではなく「おもてなし」するような感じで伝えてください。来客時に「暑くありませんか」「お茶とコーヒーはどちらがお好みですか」と聞いたりする、あのニュアンスです。

「職場の空調が体に合わない」「周囲の話し声がうるさい」「異臭がする」「インターネット回線が遅い」「集中している時に電話がかかってくる」「追加のPCディスプレイがほしい」「○○の参考書を会社で買ってほしい」といった不満や要望なら、解決するのにプログラミングのスキルは必要ありません。

なかには解決が難しい問題を言われるかもしれません。それでも、「困っていますか」と聞かれるだけでエンジニアは「自分のことを気にかけてくれている」と感じるものです。

9-3

評価が「正確」でなくとも「納得」すればエンジニアは辞めない

「エンジニアが辞めていくのは、エンジニアを正しく評価していないからだ」と考えるのは間違いです。なぜなら**「正しい評価」なんてものは存在しない**からです。

あるエンジニアに対して「あなたの年収は８００万円です」と決めたところで、それが「正しい」つまり「正確な金額である」かなんて、誰にも判断できません。人件費に限った話ではなく、そもそも「値付け」に正しいも間違いもないのです。市場価格で決まる株価でさえ、それが正確かなんて社長にも株主にも判断できません。安いと思っている人がいるから買う。高いと思っている人がいるから売る。価格の妥当性は「お金を払う側の感情」に影響される、極めて主観的かつ個人的な意見に過ぎないのです。

エンジニアの年収も「安ければ辞めるけど、高ければ辞めない」という単純なものではありません。年収５００万円でも本人が納得していれば辞めませんし、年収１０００万円でも不満があれば辞めます。大切なのは額面の数字ではなく「お金を受け取る本人が、何をどう感じているのか」という「気持ち」の部分なのです。

では、どうすればエンジニアの感情を「見える化」できるのでしょうか。それにはまず、エンジニアが「どのようなケースで不満を抱くのか」について理解しておく必要があります。

エンジニアの不満は「私のことをわかっていない」という感情から生まれる

誰にでも「自分のことを見てほしい」「自分を認めてもらいたい」という欲求があります。それはエンジニアでも例外ではありません。評価に対する不満は「金額への不満」というよりも「この上司は私のことをまったく理解していない」つまり**「あなたに私の何がわかるのか」という不満が大きい**のです。

例えば、上司が普段、他部署との調整や顧客との折衝に追われていると、現場の状況つまり「部下たちが働く様子」を把握できなかったりします。そんな上司と半年ぶりに会話して「きみの評価はCランクだ」と言われても、どう納得すればいいのでしょうか。

逆に、忙しくても毎日のように現場の様子を見にくる上司で、こまめに部下と会話する姿勢があれば、その上司から「きみの評価はCランクだ」と言われても、「この人は私のことをよく見ている。たしかに今期はあまり成果を出せていなかったかな……」と納得できたりします。

「過去の功績」よりも「直近の失敗」が目に入ってしまう理由

「半年に1回」とか「1年に1回」しかやらない評価面談では「直近の事実だけが目に入りやすくなる」というデメリットがあります。

例えば、1月から11月までは問題なく稼働していたシステムが、12月1日に障害で停止したとします。評価面談が12月の末に行われたら「今月起きた障害」のことがクローズアップされ、それが理由でボーナスが下がる、といったこともあるでしょう。

しかしエンジニアからすれば「たしかに12月はミスがあった。でも、それまでの11カ月間は問題なく稼働していた。そのことはプラスの評価に考慮されないのか」と感じます。ミスは「12カ月のうちの1カ月」であり「120万円のボーナスが110万円になる」となからまだわかるでしょう。しかし、「きみはミスをしたからボーナスは30%削減だ」などと言われても納得できないのです。

もしかしたら、このエンジニアは、4月にリリースを大成功させたことを理由に「今年のボーナスは上がる」と思い込んでいたかもしれません。そのような「認識のズレ」が大きな不満を生み、退職を検討させるトリガーになるのです。

評価について「エンジニアと日常的に会話する仕組み」をつくる

「昇給のチャンスが年1回だから」という理由で「評価の面談も年1回で足りる」と考えるのは間違いです。最低でも月に1回、可能ならば毎週でも、話し合いの機会は設けたほうがいいのです。評価する側とされる側が、1対1で、15分から30分ぐらいの時間をかけて話し合う。これは「**1on1（ワンオンワン）ミーティング**」と呼ばれ、すでに多くのIT企業で導入されているマネジメント手法です。通常の業務での会議や打ち合わせと異なり、次のような特徴があります。

- エンジニア本人が自分のスキルや成長についてどう感じているかを話す
- 上司がエンジニアに対して「会社として期待していること」を伝える
- 普段の会議では話しづらい個人的な意見や考えを隠さずに語り合う

通常の会議では「進捗状況の確認とフォロー」「決定事項の伝達や共有」「問題解決やア

イデア創出のディスカッション」などが主目的となります。しかし1on1ミーティングでは原則、そのような実務の内容は話しません。主役は評価される側のエンジニアであり、上司が一方的に説得する場でもありません。コーチングやカウンセリングをイメージするとわかりやすいでしょうか。

1on1ミーティングは、ただ雑談すればいいわけではありません。ミーティングで求められる成果は「エンジニア本人の自己評価と、周囲の評価とのギャップを埋めること」です。

例えばエンジニア本人が自分を過大評価している場合、「指示された仕事をこなせば給料が上がる」と思い込んでいる可能性があります。逆に、周囲からすれば「あの人は言われたことしかやらない」とか「積極的に提案する姿勢が見られない」などの不満があるかもしれません。

そのようなギャップが広がった状態が続くと、お互いに気づかないまま、評価面談などの場で「自分ではAランクだと思っていたのに、Cランクだと言われて、納得いかないので辞める」となってしまうのです。もしも、毎週のように1on1ミーティングを実施して「言われたことだけではなく、自ら積極的に提案することを周りは望んでいる」と頻繁に伝えていたら、どうだったでしょうか。**「本人の意識」と「周囲からの期待」のズレをこまめに微修正していく。それが１ｏｎ１ミーティングの効果です。**

「毎週のように面談するなんて時間が足りなすぎる」と考えるかもしれません。たしかにコストはかかります。しかしその積み重ねがエンジニアの離職率を下げるなら、結果として再採用にかかる費用と時間を削減できます。何より、エンジニアとの信頼関係が構築され、エンジニアの心理状態を良好に保てるので、日々の業務指示がしやすくなります。職場が明るくなり、開発業務にもプラスの効果を与えますし、本人のモチベーションにも大きな影響を与えるでしょう。

9-4

社内ITシステムの投資対効果は「削減された人件費」で評価する

「社外に向けての新規サービスを立ち上げる前に、まずは社内の業務を効率化して作業時間を短縮したい」――そう考える経営者は数多くいます。ITによる自動化の仕組みを導入しようとすれば、当初はそれを構築するエンジニアの人件費がかかります。ですが、社外向けのサービスをマネタイズする場合に比べて、社内の業務改善は投資対効果が見積もりやすいので、意思決定は難しくありません。具体例を挙げてみましょう。

見込み客の電話番号を収集するケース

営業に使う「インターネットに掲載されている見込み客の電話番号を収集するプログラム」を開発する場合の投資対効果を考えてみます。

どのような業種の会社でも、電話による新規顧客の開拓は大切な営業活動です。そのためには電話番号のリストが必要ですが、インターネット上には見込み客の電話番号が掲載されているサイトがたくさんあります。「iタウンページ」(https://itp.ne.jp)のようなサイトを使えば、美容院やクリニックなど、カテゴリ別に見込み客を探せます。そこに掲載されている会社名と電話番号を抜き出して表計算ソフトに保存したい、あるいは社内で使っている営業支援ソフトウェアに取り込みたい、そう考えるのは自然でしょう。

しかし、1件ずつ手作業でサイトからコピー&ペーストして集めるのは面倒です。ブラウザで、ある会社のページを開いて、会社名と電話番号を探し、マウスで選択してコピーし、表計算ソフトに貼り付け、また別の会社のページを開く……。

この繰り返し作業を人間がやると、単純に1件につき1分はかかるとして、1時間で60件集まります。1日8時間で480件ですから、1000件なら約2日(16時間)、1万件なら20日(160時間)かかります。そうすると、1万件集めるのに時給1000円のバイトでも16万円の人件費となります。

さらに問題なのは、「人間の手作業ではミスが発生する可能性が避けられない」という点です。別の会社の電話番号を間違えて上書きしてしまったとか、すでに収集済みの会社の電話番号を重複して取得したため無駄になった、などの非効率さが懸念されます。

「スクレイピング」の技法で収集を自動化できる

では、電話番号の収集を自動化するプログラムを作ったらどうなるでしょうか。私の経験では、スクレイピング（インターネット上に公開されているデータを自動的に拾い集めてくる技法）を使えば、リスト（会社名、郵便番号、住所、電話番号、ファックス番号、メールアドレス、代表者名、ホームページアドレスなど）を1万件ほど集める程度のシステムなら、2〜3日で作れることがわかっています。日給3万円のエンジニアに外注しても、高くても10万円ぐらいで手に入るということです。クラウドソーシングに頼んでも同じくらいでしょう。

面倒な手作業を自動化でき、かつ人間がやるより正確で効率的です。リストが10万件、100万件と増えれば、投資対効果はさらに高まることでしょう。**手作業の場合、収集件数に比例して人件費が増えますが、プログラムの場合は、一度作ってしまえば、たとえ数億件でも追加コストなしで収集できます。**

9-5

たとえ朝の出社が遅くても「成果を出せるエンジニア」は大切にしたほうがいい

かつて私が勤めていた大企業での話です。ある事業部が業績不振にあえいでいたのですが、上層部が、利益が出ない原因に「エンジニアの朝の遅刻が多いこと」を槍玉に挙げたのです。そして「フレックスタイム制度は廃止。毎朝8時50分までに出社で遅刻は厳禁。体調不良も家庭の事情も関係なし！」というルールを徹底させ、1分でも遅れたら上長から厳しい叱責が飛んでくる職場へと変貌させたのです。

その結果、すべてのエンジニアが時間ぴったりに出社し、定時に帰るようになりました。始業のベルで滑り込むように着席し、終業のベルと連動したように退社する。まるでロボットのようでした。そして、その事業部は潰れました。

エンジニアの仕事、特に大企業が抱えている巨大システムの保守業務は「消防士」に似た側面があります。問題なく稼働していればそれほど忙しくない一方、いざ障害が起きたら1秒でも早く対応しないと多額の損失を被ります。ですから平穏時に朝早く来てもやることはないし、緊急時に早く帰られたら困るのです。

しかし、ロボット化した組織では「朝の時間を厳守させるのならば、帰る時間も厳守させてもらう。システム障害なんて知ったことではない！」という空気が蔓延します。あなたが社長なら、そんな組織を作りたいでしょうか。

重要なのはエンジニアの職場での精神状態

「出社時間を守らなくていい」という意味ではありません。クライアントとの打ち合わせや社内でのディスカッションなど、朝から重要な会議があるのであれば、社会人として遅刻は認められません。しかし、それ以外の「本人の力量で、作業の開始時間をコントロールできる日」であれば、朝型、夜型など、各人のライフスタイルに合わせて自由に行動させるほうが効率的なのです。子どもの世話など突発的な家庭の事情もあるでしょう。

「朝ダラダラ出社するようなエンジニアはダメだ」などと非論理的な精神論で組織を動かそうとしても、結局は失敗します。エンジニアのアウトプットは、音楽などの芸術作品に似ており、プログラミングの効率は精神状態に左右されることが多いからです。ブルーな気持ちでは心を込めて歌えないのと同じように、朝からストレスを感じた状態では、よいソースコードは書けません。

ですから、エンジニアの生産効率を上げたいのであれば、「朝の出社時間」ではなく「職場での精神状態」に着目しましょう。各エンジニアの「テンションが上がっている時間帯」や「仕事が滞りがちな時間帯」を個別にチェックするのです。そして、エンジニアが最も集中できる「ゴールデンタイム」を大切にしてあげてください。

何より大切なのは「時間で成果を計測しないこと」です。今月は200時間働いたから偉いとか、そういう話ではありません。実装担当者を評価するなら、書き上げたソースコードの内容を見て評価するのが妥当です。リーダーやマネジャーならば、「部下のフォローや教育ができているか」とか、その結果として「チームの総力が上がっているか」などが判断材料になるでしょう。

夜遅くまで会社に残っていることが良いわけではありません。**「勤務時間の量で成果を測る」という安易な手法に逃げず、エンジニア一人ひとりと真剣に向き合うことが必要です。**

9-6

通勤が嫌いなエンジニアには「職場に集うメリット」を感じさせる工夫を

ある時、私が「将来フリーランスエンジニアになりたい学生」に向けてセミナーで話した時のことです。「なぜフリーランスになりたいのですか」という私の質問に対して、ある学生が「通勤時間がムダなので自宅で仕事がしたいから」と答えました。この回答に私は次のように返しました。

「今日、このセミナー会場に来るのは移動時間のムダだと思いましたか？　私の話を聞きたいだけなら自宅で動画を見ればいい。同じ場所を共有して、空気を肌で感じたり、他のエンジニアと交流したり、議論したり、そういった環境がスキルとやる気の向上には欠かせません。職場にもそういう機能があります」

一人での作業が続くと苦痛になることも

通勤時間が惜しいという気持ちはわかります。満員電車でのストレスも苦痛でしょう。しかしそれ以上に「職場に通うメリット」を感じられるのであれば、早起きして通勤ラッシュを逃れたり、職場の近くに引っ越したりするなど、なんらかの対策を講じるはずです。

私自身、在宅で開発をした経験があります。ですが今では「職場でワイワイやるほうが楽しい」と思っています。特に一人暮らしの場合、黙々と作業を続けていれば孤独を感じてしまうし、心理的な負担は職場で皆と仕事するより大きくなります。執筆のように一人でこなせる作業なら問題ありませんが、複数名のエンジニアやデザイナーで連携しながらシステムを開発するケースでは、やはり皆が通勤して同じ場所に集うことのメリットは大きいのです。

あなたの会社で働いているエンジニアが「通勤が嫌だから在宅勤務にしてくれ」と言ってきたら、まずは週1回とか限定的に導入してみるとよいでしょう。それで本人が実際に家で仕事をしてみて、どう感じるか試してみるのです。仕事の効率は上がるかもしれないし、下がるかもしれません。家にいることを「職場に通うよりも苦痛だ」と思うならば、自然に在宅制度を使わなくなります。

そもそも、職場でのコミュニケーションが心地よいと社員に感じてもらえていない時点で、職場の雰囲気作りに問題があります。ですから、「月曜の出社が楽しくなるような環境づくり」を実践していくのが望ましいでしょう。

「月曜のみ朝の出勤時間を自由にする」「月曜の朝イチで進捗フォロー会議をやるなど、ストレスがかかるイベントは避ける」「月曜はランチ代を会社負担にする」など、試行錯誤しながら「通勤する意義」を社員に感じてもらうことが大切です。

おわりに

ＩＴエンジニアは「情報処理技術者」とも呼ばれます。情報を処理する技術者――しかし、「情報を処理する」とは、具体的に何をすることなのでしょうか。

目の前に1本のペットボトル飲料があるとします。それに、どれだけの情報が詰まっているのか考えてみてください。名称、内容量、重さ、成分、メーカー、ボトルキャップの直径、ラベルの色、材質、厚み、透明度、開封状態、生産地、製造年月日、賞味期限、価格……挙げればキリがありません。

生産工場から小売店までの運搬ルートにまで目を向けるなら、運送会社、運搬手段（トラック、飛行機、船、列車）、移動距離、配送コスト、ドライバーの氏名、住所、年齢、事故歴など、データ量は限りなく膨れ上がります。さらに、「その飲料を飲んだ人のクチコミ」という観点まで広げれば、誰が、いつ、どんな口コミを書いたのか、投稿者の年齢、性別、住んでいる地域など、情報が情報を連鎖的に引き出し、データベースは無限に膨張します。

たった1つの商品でこれだけの情報があるのです。しかもペットボトル飲料は、日々新しい商品が生まれています。それらが掛け算的に情報量を増やし続け、今この瞬間も増殖しているのです。

では、私たちはなんのために、日々、大量の情報に触れ、分析し、考察を繰り返しているのでしょうか。あなたが飲料メーカーの社長なら、「売れる新商品を作るために、前述のデータをすべて集めたい」と考えるかもしれません。

しかし、データ量が増えれば増えるほど、それを蓄積、管理、運営するITシステムの構造が複雑になり、エンジニアの仕事量も増えていくのです。どんなに膨大なデータを集めたところで、「ヒットする新商品」が簡単に思いつくかどうかの保証はありません。未来は誰にも予測できないのですから。

エンジニアは情報を集めて処理するのが得意です。保存、集計、検索、表示などはお手のものです。しかし「その情報を知って、一体どうしたいのか」を考えるのは、また別の仕事です。「ITエンジニアを採用」して、「新しいITシステムを開発」することは、「これまで触れなかった情報に触れる」ということです。知らなかった事実、見落としていたヒント、それらがITのチカラで可視化されるからです。

ＩＴエンジニアを採用する際、本当に難しいのは「採用するための小手先のテクニック」ではなく、「どんな情報に触れたいのか」そして「その情報が、社員や顧客や世の中の幸せにつながるのか」を考えることなのです。

「情報処理に関することは、すべてエンジニアに任せればいい」わけではありません。データを扱うすべての社員が、その行為自体の意義と目的を明確にし、何が必要で、何が不要なのかを見極める。その判断を誤らなければ、あなたの会社はＩＴ投資で必ず成功できると思います。

最後に、本書執筆の機会を与えてくださった日本実業出版社編集部の皆様へ、そして私をいつも支えてくださっているＩＴ開発メンバーの皆様へ感謝を申し上げます。ありがとうございました。

２０１９年６月

ＩＴエンジニア　大和賢一郎

大和賢一郎（やまと けんいちろう）
フリーランスITエンジニア。1977年生まれ。国立八代工業高等専門学校・情報電子工学科卒。日立製作所に14年勤務後、2012年に独立して「東京ウェブ制作」を設立し、代表を務める。2013年より常駐案件に参画。取得資格は、テクニカルエンジニア（ネットワーク）、第二種情報処理技術者、MCP認定技術者。
近著は『エンジニアがフリーランスで年収1000万円になるための稼ぎ方』（技術評論社）、『ハイペース仕事術』（すばる舎）など。

大和賢一郎オフィシャルサイト
https://kenichiro-yamato.jp

小《ちい》さな会社《かいしゃ》がＩＴ《アイティー》エンジニアの採用《さいよう》で成功《せいこう》する本《ほん》

2019年6月20日　初版発行

著　者　大和賢一郎
発行者　吉田啓二

発行所　株式会社日本実業出版社　東京都新宿区市谷本村町3−29 〒162-0845
大阪市北区西天満6−8−1 〒530-0047
編集部 ☎03-3268-5651
営業部 ☎03-3268-5161　振　替　00170−1−25349
https://www.njg.co.jp/

印刷／厚徳社　製本／共栄社

この本の内容についてのお問合せは、書面かFAX（03−3268−0832）にてお願い致します。
落丁・乱丁本は、送料小社負担にて、お取り替え致します。

ISBN 978-4-534-05699-3　Printed in JAPAN